*Coleção 50 Palavras*

COLEÇÃO 50 PALAVRAS

1. O cristianismo
   *Jean-Pierre Bagot*
2. A psicanálise
   *Dimitri Afgoustidis*
3. A física, 3ª ed.
   *Anna Hurwic*
4. A alquimia
   *Frank Greiner*
5. A Bíblia
   *Maurice Carrez*
6. A pedagogia
   *Anne-Marie Drouin*
7. A química, 2ª ed.
   *Luciano do Amaral*
8. A ecologia, 2ª ed.
   *Evaristo E. de Miranda*
9. A sexualidade
   *José Mª Monteoliva*
10. A história em quadrinhos, 3ª ed.
    *Didier Quella-Guyot*
11. O construtivismo
    *Eliete J. Nogueira e Jussara M. Pilão*
12. O patrimônio
    *Paulo de Assunção*

Paulo de Assunção

# O Patrimônio

Edições Loyola

Revisão: Carlos Alberto Barbaro
Diagramação: Paula Regina Rossi Cassan

**Edições Loyola**
Rua 1822 nº 347 – Ipiranga
04216-000 São Paulo, SP
Caixa Postal 42.335 – 04218-970 – São Paulo, SP
:(0**11) 6914-1922
: (0**11) 6163-4275
Home page e vendas: www.loyola.com.br
Editorial: loyola@loyola.com.br
Vendas: vendas@loyola.com.br



ISBN: 85-15-02653-8

# INTRODUÇÃO

*Cada novo dia permite que*
*se aprenda algo de novo*
*Eurípides* (945 N)

Nos últimos anos, o reconhecimento e a valorização do patrimônio permitiram que muitos países olhassem de forma mais cuidadosa para o patrimônio cultural e natural que possuíam, identificando nele um importante recurso econômico que possibilita o desenvolvimento socioeconômico do país, dos estados e dos municípios.

Neste sentido, cada vez mais órgãos federais, estaduais e municipais e empresas têm concentrado atividades, visando ao desenvolvimento sustentável, com base no patrimônio cultural local ou regional.

Em vista disso, é imperativo que a sociedade esteja mais atenta aos assuntos referentes ao patrimônio. Olhar os bens patrimoniais na direção do futuro, saber entendê-los como a expressão de uma cultura, de um povo, da humanidade. Descobrir o sentimento do patrimônio e refletir sobre o significado da experiência humana legada de geração para geração.

Este livro tem como objetivo contribuir para esclarecer de forma clara e objetiva alguns termos ligados ao patrimônio, para que seja mais bem interpretado, tendo em vista a sua complexidade e a riqueza do conteúdo que o tema comporta; enfim, contribuir para que a sociedade volte o olhar para o futuro, sentindo a necessidade de preservar o patrimônio.

A

## ÁREAS E LOCAIS DE INTERESSE TURÍSTICO

A Lei n.º 6513, de 20 de dezembro de 1977, estabelece determinações sobre a criação de áreas e locais de interesse turístico. Pelo documento, são considerados de interesse turístico os bens de valor cultural e natural, especialmente: *os bens de valor histórico, artístico, arqueológico ou pré-histórico; as reservas e estações ecológicas; as áreas destinadas à proteção dos recursos naturais renováveis; as manifestações culturais ou etnológicas e os locais onde ocorram; as paisagens notáveis; as localidades e os acidentes naturais adequados ao repouso e à prática de atividades recreativas, desportivas ou de lazer; as fontes hidrominerais aproveitáveis; — as localidades que apresentam condições climáticas especiais.*

A lei também define que as Áreas Especiais de Interesse Turístico são os trechos *contínuos do território nacional, inclusive suas águas territoriais, a serem preservadas e valorizadas no sentido cultural e natural, e realização de planos e projetos de desenvolvimento turístico*. Estas áreas são instituídas por decreto do Poder Executivo.

As Áreas Especiais de Interesse Turístico serão classificadas em duas categorias: as prioritárias ou de reserva. As áreas prioritárias são as áreas que possuem alta potencialidade turística, e que devem ou podem ser objeto de planos e programas de desenvolvimento turístico, em virtude de: expressivos fluxos de turistas e visitantes; existência de infra-estrutura turística e urbana satisfatória, entre outros fatores, como projetos de preservação e recuperação dos locais de interesse turístico nelas incluídos. As áreas de reserva são as áreas de elevada potencialidade turística, sendo que seu aproveitamento fica dependente: *da implantação dos equipamentos de infra-estrutura indispensáveis; da efetivação de medidas que assegurem a preservação do equilíbrio ambiental e a proteção ao patrimônio cultural ali existentes.*

Os Locais de Interesse Turístico são os trechos do território nacional, que podem estar ou não compreendidos em Áreas Especiais, destinados por suas características ao desenvolvimento de atividades turísticas, e que compreendam: *bens não sujeitos a regime específico de proteção; os respectivos entornos de proteção e ambientação.*

A delimitação das áreas acima mencionadas bem como as demais ações normativas necessárias para seu funcionamento devem ser feitas em consenso com o órgão federal responsável pelo turismo, a Empresa Brasileira de Turismo, o Instituto do Patrimônio Histórico e Artístico Nacional, o Instituto Brasileiro de Desenvolvimento Florestal, a Secretaria Especial do Meio Ambiente — SEMA —, entre outros órgãos.

Cabe à Embratur implantar e manter atualizados o Inventário das Áreas Especiais de Interesse Turístico, dos Locais de Interesse Turístico e dos bens culturais e naturais protegidos por legislação específica. Nos processos a serem encaminhados aos órgãos competentes, para a criação das áreas e locais, devem constar sempre: os seus limites, os entornos de proteção e ambientação, os principais aspectos e características do local e as normas gerais para ocupação do local.

B

## BENS BRASILEIROS TOMBADOS PELO PATRIMÔNIO MUNDIAL

A UNESCO propõe-se *a promover a identificação, proteção e preservação do patrimônio mundial, cultural e natural, considerado de excepcional valor para a humanidade.* Para o órgão constitui patrimônio cultural: monumentos e grupos de edifícios e sítios que tenham valor histórico, estético, arqueológico, científico, etnológico ou antropológico. No que tange ao meio ambiente, é considerado patrimônio natural: as formações físicas, biológicas ou geológicas consideradas excepcionais; hábitats animais e vegetais ameaçados; e áreas que tenham valor científico, de conservação ou estético.

Os países que possuem bens declarados Patrimônio da Humanidade são responsáveis pela sua proteção e conservação. A UNESCO, por sua vez, auxilia nas ações de proteção, pesquisa e divulgação no âmbito mundial, além de fornecer recursos técnicos e financeiros do Fundo do Patrimônio Mundial.

O Brasil possui os seguintes bens inscritos na Lista do Patrimônio Mundial: Conjunto Arquitetônico e Urbanístico de Ouro Preto, em Minas Gerais, tombado em 5 de setembro de 1980; Conjunto Arquitetônico, Paisagístico e Urbanístico de Olinda, em Pernambuco, tombado em 17 de dezembro de 1982; Ruínas da Igreja de São Miguel das Missões, no Rio Grande do Sul, tombadas em 9 de dezembro de 1983; Conjunto Arquitetônico e Urbanístico de Salvador, na Bahia, tombado em 6 de dezembro de 1985; Santuário do Bom Jesus de Matosinhos — Congonhas, em Minas Gerais, tombado em 6 de dezembro de 1985; Parque Nacional do Iguaçu — Foz do Iguaçu, no Paraná, tombado em 28 de novembro de 1986; Conjunto Urbanístico, Arquitetônico e Paisagístico de Brasília, no Distrito Federal, tombado em 1º de dezembro de 1987; Parque Nacional Serra da Capivara — São Raimundo Nonato, no Piauí, tombado em 13 de dezembro de 1991; Conjunto Arquitetônico e Urbanístico do Centro Histórico de São Luís, no Maranhão, tombado em 3 de dezembro de 1997; Conjunto Arquitetônico e Urbanístico do Centro Histórico de Diamantina, em Minas Gerais, tombado em 1º de dezembro de 1999; Costa do Descobrimento, na Bahia, tombada em 1º de dezembro de 1999; Conjunto Paisagístico do Pantanal Mato-Grossense, no Mato Grosso, tombado em 30 de novembro de 2000; Conjunto Paisagístico do Parque Nacional do Jaú, no Amazonas, tombado em 30 de novembro de 2000; Mata Atlântica do Sudeste, na região Sudeste, tombada em 30 de novembro de 2000; Centro Histórico de Goiás, em Goiás, tombado em 16 de dezembro de 2001; Parque Nacional das Emas e Parque Nacional da Chapada dos Veadeiros, Goiás, tombados em 16 de dezembro de 2001; Reserva de Fernando de Noronha e Atol das Rocas, em Pernambuco, tombados em 16 de dezembro de 2001.

## BENS CULTURAIS DESAPARECIDOS

Os bens culturais, além de serem preservados das ações do tempo e das depredações realizadas pelo homem, também devem ser protegidos contra roubo e tráfico ilícito que acontece em todas as partes do mundo. Nos últimos anos, a campanha de luta contra o tráfico ilícito de bens culturais tem se intensificado, visando a coibir esta prática lesiva à humanidade.

O roubo de obras de arte de museus e particulares, sítios arqueológicos e etnológicos e o tráfico ilícito de bens culturais é muito mais comum e freqüente do que se imagina. A população, os profissionais responsáveis pela preservação cultural e os proprietários fazem diariamente registros dos roubos de objetos que, de forma direta e indireta, causam prejuízos financeiros e culturais ao patrimônio da humanidade. O mercado ilícito de bens culturais é dinâmico e também funciona em diversas partes do mundo, tendo como elementos que o favorecem: a falta de segurança em museus e sítios arqueológicos; o interesse desmedido de alguns colecionadores, no sentido de obter peças raras; a falta de controle nas fronteiras; e a miséria em que vive a população de alguns países. A ausência de leis que apliquem penas mais rígidas, punindo os culpados pelo tráfico, assim como a falta de recursos financeiros e humanos para a vigilância têm contribuído para que o tráfico de bens culturais ocorra com facilidade em diversas regiões.

O ICOM* instituiu a data de 18 de maio como o dia internacional do museu, com o objetivo de conscientizar a todos sobre a necessidade e a importância da preservação do patrimônio histórico cultural e artístico de uma nação e da humanidade. Para tanto, a campanha que se iniciou em 1997 definiu pela divulgação de um cartaz padronizado, para cada país, com a imagem de um bem histórico ou artístico que foi roubado, tornando pública a imagem do objeto roubado para incentivar denúncias sobre a sua localização.

O Brasil possui leis específicas para a proteção dos bens culturais, criadas a partir da primeira metade do século XX. O primeiro decreto criado neste sentido foi o decreto-lei nº 25, de 30 de novembro de 1937 que, ao estabelecer os princípios de proteção do patrimônio histórico e artístico nacional, define em um dos seus artigos que o bem tombado não poderá sair do país *senão por curto prazo, sem transferência de domínio e para fim de intercâmbio cultural, a juízo do Conselho Consultivo do Serviço do Patrimônio Histórico e Artístico Nacional.*

Por instrumento de lei, o Poder Público é responsável pela guarda e pela proteção dos monumentos arqueológicos ou pré-históricos, de qualquer natureza, existentes no território nacional. Além disso, os bens e as obras produzidos no país até o fim do período monárquico estão proibidos de sair do país, salvo se possuírem autorização especial para fins de intercâmbio cultural, sendo os seus procedimentos regulados pelas Coordenações Regionais do IPHAN*.

O IPHAN, órgão responsável pela preservação do patrimônio brasileiro, sistematiza informações sobre os bens culturais tombados desaparecidos nas últimas décadas. O objetivo é criar um banco de dados que possibilite a identificação e o resgate de peças pertencentes ao patrimônio histórico cultural brasileiro e a todos os cidadãos.

Este trabalho visa fazer um registro sobre as peças desaparecidas. Na ficha técnica dos bens desaparecidos consta: o local de onde as peças foram roubadas; o tipo do bem (exemplo: escultura, crucifixo etc.); a denominação da peça; a data ou período em que a peça foi executada; as dimensões da peça: os materiais e as técnicas de construção (ex.: madeira entalhada com policromia); o estado de conservação (este item contém informações detalhadas se ela está danificada, o local da fratura e outras características visíveis que permitam identificá-la); a descrição da peça (o texto deve ser minucioso a fim de informar as características e particularidades da peça). Caso seja possível, são incorporadas à ficha técnica imagens da peça que facilitem a identificação por qualquer cidadão que poderá comunicar ao IPHAN sobre a localização da mesma ou à Polícia Federal/INTERPOL. Quando uma peça é roubada, deve-se inseri-la rapidamente no banco de dados, constando a sua identificação e a sua ficha técnica, porque desta forma as chances de recuperação serão maiores.

A INTERPOL, organização intergovernamental, é responsável por um programa que trata dos crimes relacionados ao tráfico ilícito de bens culturais, cuja sede está em Lyon, na França. No arquivo central de Lyon, a INTERPOL mantém um banco de dados com imagens e informações sobre bens culturais que foram roubados em diversas partes do mundo.

A maioria das peças desaparecidas, no Brasil, pertence a antigas igrejas, que normalmente possuem sistemas de controle anti-roubo deficientes. Para recuperar estas peças, de grande valor cultural, o IPHAN conta com o apoio da Polícia Federal /INTERPOL e do ICOM. Em sendo recuperadas, as peças desaparecidas são devolvidas aos seus lugares de origem.

## BENS CULTURAIS E NATURAIS

Os bens culturais constituem a produção cultural dos seres humanos nas diversas partes do mundo. Os bens culturais podem ser materiais ou imateriais e formam o testemunho da intervenção humana no meio ambiente. A produção de bens culturais pode se dar das formas mais diversas e engloba: a produção artística e histórica; a arquitetura; os manuscritos; os livros; bens arqueológicos; as manifestações do saber-fazer, como a dança, a música, o artesanato, entre outros.

Os bens culturais materiais compreendem os bens móveis e imóveis de um povo, podendo se consubstanciar de diversas formas como: pintura, escultura, mobiliário, objetos utilitários, edifícios isoladamente, bem como seu entorno, conjuntos urbanos e paisagísticos, entre outras produções.

A definição de bens imateriais exigiu e exige uma série de debates para a definição do conceito. É comumente aceito que os bens imateriais compreendem a produção cultural de um povo, na pluralidade étnica que o compõe e pode abranger: a memória oral, as expressões musicais, a dança, a alimentação, as manifestações religiosas etc.

As comunidades e grupos atribuem aos bens culturais valores segundo a importância histórica, afetiva e de identidade cultural que estes bens possuam. Em muitos casos, a preservação dos bens culturais garante a manutenção da memória coletiva no decorrer dos séculos. É por meio da memória que a tradição lembra a todos as experiências passadas para a conquista da liberdade, como ressalta Jacques le Goff: *A memória, onde cresce a história, que por sua vez a alimenta, procura salvar o passado para servir o presente e o futuro. Devemos trabalhar de forma a que a memória coletiva sirva para a libertação e não para a servidão dos homens.* (Le Goff, 1985: 47) A memória é uma fonte essencial e vital de inspiração para a criatividade, para os homens e para os povos, e é por meio dela, consubstanciada no patrimônio material e imaterial, cultural e natural, que cada povo e indivíduo constrói a sua identidade.

Em 1972, a UNESCO* estabeleceu parâmetros para a inclusão de bens culturais na Lista do Patrimônio Mundial. Estes critérios são avaliados e revisados periodicamente pelo órgão responsável, que define regras para a inclusão dos bens: representar a excelência do ato criativo humano; ser o testemunho único de uma civilização ou cultura existente ou já desaparecida; representar de forma destacada um tipo ou estilo de construção, ou conjunto arquitetônico, urbanístico, ou paisagístico de um período da história da humanidade; ser um exemplo destacado de hábitat e da presença humana no local ou região que represente de forma significativa as culturas que se utilizaram daquele meio; ser bens culturais ou naturais que estão ameaçados por efeito de alterações irreversíveis; representar a tradição viva de um grupo, como idéias, crenças, danças, músicas, obras artísticas ou literárias de valor universal, desde que autênticas e protegidas; representar o intercâmbio cultural de valores humanos; ser exemplo e registro da evolução dos processos geológicos do desenvolvimento das formas terrestres, ou de elementos geomórficos ou fisiográficos significativos; representar os processos ecológicos e biológicos da evolução e do desenvolvimento de ecossistemas terrestres; representar fenômenos naturais singulares e notáveis ou de beleza natural e estética ímpares; ser exemplos de hábitats naturais que garantam a conservação da diversidade biológica e/ou que abriguem espécies ameaçadas de extinção e que sejam de grande valor do ponto de vista da ciência ou da conservação.

Desta forma, podemos destacar que o bem cultural e natural deve ser considerado no seu contexto sociocultural e na sua trajetória histórica no decorrer dos anos, sendo ele portador de sentidos e significados importantes para toda a comunidade.

## BENS ILÍCITOS

A necessidade de proteção do patrimônio exigiu que recomendações específicas fossem elaboradas no sentido de proibir e impedir a exportação, a importação e a transferência de propriedades ilícitas de bens culturais. A Carta de Nova Délhi, de 1956, definiu que medidas de repressão fossem tomadas, no sentido de que objetos arqueológicos a serem adquiridos por museus e outras instituições não proviessem de pesquisas clandestinas, de roubos, ou de outras operações consideradas ilícitas pela autoridade competente do país de origem do objeto.

A décima terceira sessão da Conferência da ONU, realizada em Paris entre outubro e novembro de 1964, chama a atenção para a necessidade da conscientização das obrigações morais de respeito ao patrimônio cultural de uma nação. Para que ações lesivas ao patrimônio cultural fossem evitadas, era de extrema importância que os Estados-membros da ONU agissem em estreita colaboração, adotando providências no sentido de se criar uma convenção internacional.

A recomendação do órgão era que fosse adotado um controle eficaz sobre a exportação de bens culturais, sendo que a importação desses bens só poderia ser autorizada pelas autoridades competentes, após haverem sido declarados livres de qualquer restrição por parte do Estado exportador. Os museus e as instituições ligadas à preservação e à conservação de bens culturais não deveriam adquirir qualquer bem cultural procedente de exportação, importação, ou transferência de forma ilícita.

Para que as ações ilícitas fossem tolhidas, seria conveniente adotar um sistema de identificação e criação de inventário nacional dos bens culturais de caráter público ou particular, visando à proteção desse patrimônio. A criação de instituições de proteção dos bens culturais, sob responsabilidade de organismos oficiais, era outro meio pelo qual seria possível garantir a proteção, em conformidade com a legislação nacional.

Os órgãos ou serviços nacionais de proteção dos bens culturais deveriam ainda incluir, no seu plano de ação, a cooperação com outros organismos competentes no controle e na transferência de propriedade de bens culturais, assim como valer-se de especialistas para assessorá-los nos problemas técnicos e na solução de casos litigiosos. A ação destes organismos ficaria facilitada se existisse um certificado apropriado, emitido pelo Estado exportador, autorizando a exportação de um bem cultural que, em caso de dúvida, poderia ser confirmada a legalidade com a instituição responsável pela emissão.

A celebração de acordos bilaterais e multilaterais facilitaria o diálogo e o controle das transferências ilegítimas, além de garantir a restituição ou repatriação de bens culturais ilicitamente exportados. No que tange aos bens culturais, que porventura fossem adquiridos pela boa fé do adquirente, o Estado-membro deveria estabelecer legislação ou convenções de forma que, uma vez restituído o bem cultural, o adquirente de boa-fé fosse indenizado por perdas e danos ou compensação equivalente.

A melhor forma de inibir atos lesivos ao patrimônio é informar e divulgar os objetos roubados e desaparecidos, com indicações que permitam identificá-los. No Brasil, o Instituto Brasileiro do Patrimônio Cultural (IBPC), por meio de portarias e decretos, autoriza a saída de bens culturais por prazo determinado, sem transferência de domínio do bem cultural. Normalmente, esta prática é utilizada quando se realizam exposições de obras brasileiras no exterior e outras atividades de intercâmbio cultural.

Conforme resolução do Conselho Consultivo IBPC, a saída do bem cultural do país fica condicionada à autorização prévia pelo órgão. A solicitação deve ser encaminhada ao IBPC, ao menos noventa dias antes da data fixada para saída das obras. A permanência destas no exterior não poderá ultrapassar seis meses, salvo em situações de exposições itinerantes e de autorizações especiais. O pedido deve ser encaminhado com os dados técnicos completos, espécie de trabalho, estudo de conservação, dimensões, marcas etc. Além disso, é obrigatória a indicação: dos promotores da exposição; do roteiro das obras com informações das instituições, cidades e países onde serão expostas; do período de exposição; avaliação das obras para efeito de seguro, além de outras informações que o órgão julgar necessárias para análise.

A partir deste pedido inicial, o proprietário da obra deverá, num prazo de quarenta e cinco dias, encaminhar ao IBPC informações sobre os responsáveis pela embalagem e pelo desembalo das obras; indicação da empresa transportadora; indicação da empresa seguradora. Fica a critério do proprietário apresentar proposta para a distribuição de peças em lotes para serem enviadas em separado.

As obras destinadas à exposição deverão ser acompanhadas por um técnico habilitado, que fiscalizará todo o movimento da peça, sendo de responsabilidade do expositor a sua contratação. A autorização só é expedida pelo IBPC após a entrega da apólice de seguro, quinze dias antes da saída das peças do país.

## BENS IMATERIAIS

A definição de bens imateriais vem sendo debatida por especialistas de diversas áreas há vários anos, gerando polêmicas e interpretações amplas. Pode-se entender, de forma básica, bens imateriais como: o conjunto de saberes e conhecimentos sobre o modo de fazer enraizados no cotidiano das comunidades; os rituais e as festas religiosas que marcam a vivência coletiva; as formas e as práticas culturais de convívio social; as manifestações literárias, musicais, plásticas, cênicas e lúdicas; entre outras expressões vivas das comunidades através dos tempos.

Contudo, somente no ano 2000 é que teremos o decreto-lei 3.551, de 4 de agosto, que institui o registro de bens culturais de natureza imaterial que constituem o patrimônio brasileiro. Os bens podem ser registrados nos seguintes livros: Registro dos Saberes, Registro das Celebrações, Registro das Formas de Expressão e Registro dos Lugares.

As propostas para registro são acompanhadas por documentação técnica e encaminhadas para o IPHAN*, que as submeterá à análise do Conselho Consultivo do Patrimônio Cultural. No processo deverá constar uma descrição pormenorizada do bem a ser registrado, acompanhada da documentação correspondente, onde os elementos culturais mais relevantes devem ser apresentados.

Na análise do processo serão consideradas, para se fazer o registro, a continuidade histórica do bem e a sua relevância para a memória, a identidade e a formação da sociedade brasileira. Caso o parecer do Conselho Consultivo do Patrimônio Cultural seja favorável, o bem será inscrito no livro correspondente e receberá o titulo de *Patrimônio Cultural do Brasil.*

O IPHAN deve manter banco de dados com o material produzido durante a instrução do processo e fazer a sua divulgação. A cada dez anos é feita uma reavaliação para se verificar a adequação da continuidade do título de *Patrimônio Cultural do Brasil.*

C

## CARTA DE ATENAS

A Carta de Atenas, de outubro de 1931, estabeleceu os princípios gerais para a proteção dos monumentos. Considerando que nos Estados representados predominava uma tendência para abandonar as reconstituições integrais, pelos riscos que estas envolviam e pela dificuldade para a conservação dos edifícios, a conferência recomendou que deveria ser respeitada a obra histórica e artística do passado, sem causar prejuízos ao estilo de nenhuma época.

O documento aconselhava ainda que se mantivesse a utilização dos monumentos de interesse histórico, artístico ou científico, de forma que a continuidade de sua vida fosse preservada.

Apesar da evidente necessidade de se proteger os monumentos, a conferência constatou as diferenças entre as legislações referentes ao direito da coletividade à propriedade privada, o que implicava afirmar que havia dificuldades em conciliar o direito público com o particular. Esta questão deveria ser considerada, em cada Estado, a partir da análise das circunstâncias locais e da opinião pública, a fim de que se encontrasse a menor oposição possível e fossem garantidas as medidas de conservação necessárias.

A valorização dos monumentos foi um dos pontos importantes de discussão. Por isso, o documento fez constar a necessidade de preservar as feições originais da construção dos edifícios, o caráter e a fisionomia das cidades, bem como a garantia da integridade do entorno de monumentos antigos. Além disso, recomendava o controle de todos os tipos de atividades, industriais ou não, que pudessem causar algum dano aos monumentos. Estabelecia também a realização de estudos quanto à ornamentação paisagística dos monumentos para lhes conservar o caráter antigo.

No que tange aos materiais de restauração, foram aprovadas pelos especialistas as técnicas modernas para o período, como a do cimento armado. Contudo, a utilização deste deveria ser dissimulada, salvo impossibilidade, a fim de não alterar as características do edifício.

A deterioração dos monumentos por agentes atmosféricos era um dado visível e crescente frente às condições da industrialização e da vida moderna. Esta situação era preocupante, em face da complexidade de casos e da falta de conhecimentos sobre as melhores formas de conservação. Desta maneira, o documento recomendava que, em cada país, os responsáveis pela conservação de monumentos realizassem pesquisas junto com especialistas das ciências físicas, químicas e naturais para obter métodos mais adequados, cabendo posteriormente ao Escritório Internacional de Museus a divulgação dos estudos científicos em suas publicações, para que os resultados fossem compartilhados pela comunidade internacional.

As técnicas de conservação a ser utilizadas nas ruínas deveriam ser escrupulosas, sendo recomendável a recolocação dos elementos originais encontrados em seus lugares, caso fosse possível. Os materiais novos usados para esse trabalho deveriam ser sempre reconhecíveis.

A conferência, entendendo que a conservação do patrimônio artístico e arqueológico da humanidade interessava à comunidade dos Estados, considerava altamente desejável que instituições e grupos qualificados pudessem manifestar seu interesse pela salvaguarda de obras e monumentos em que as diferentes civilizações tivessem se expressado de forma exemplar e que se apresentavam ameaçados.

Todavia, a conservação não era o único meio para garantir

o respeito aos monumentos. Fazia-se necessário, segundo o documento, estimular o sentimento de respeito aos monumentos, que deveria ser incutido pelos educadores nos alunos, durante o processo de formação da juventude, aumentando o interesse deles para a proteção dos testemunhos de toda a civilização.

Mediante a necessidade da criação de uma documentação internacional sobre os monumentos, a conferência definia que cada Estado, ou instituição competente, publicasse um inventário dos monumentos históricos nacionais, acompanhado de fotografia e de informações, assim como constituísse arquivos com documentos relativos aos seus monumentos históricos.

Por último, faziam-se deliberações sobre como proceder à restauração das ruínas da Acrópole de Atenas, os materiais a serem utilizados, a proteção a ser utilizada contra as intempéries.

## CARTA DE FORTALEZA

O IPHAN*, ao comemorar os seus 60 anos de existência, promoveu em 1997, na cidade de Fortaleza, o seminário *Patrimônio Imaterial: Estratégias e Formas de Proteção*. O seminário reuniu especialistas do patrimônio nacional e internacional, de instituições públicas ou privadas, inclusive a UNESCO*, que debateram questões concernentes à identidade cultural e à memória dos diversos grupos étnicos formadores da sociedade brasileira (modos de criar, fazer e viver), em especial aquelas referentes à cultura popular.

O objetivo do encontro era reunir informações e dados que permitissem a elaboração de diretrizes que possibilitassem a criação de leis que protegessem, promovessem ou fomentassem os bens culturais de referência à identidade nacional, considerando os grupos formadores da sociedade brasileira, conforme estabelecido pela Constituição de 1988.

O resultado do seminário foi a Carta de Fortaleza, que estabeleceu algumas propostas e recomendações, considerando a necessidade de reconhecimento e preservação do patrimônio cultural brasileiro, constituído por bens de natureza material e imaterial, bem como o papel do IPHAN, enquanto instituição responsável para proteger, fiscalizar e preservar o patrimônio nacional.

Entre as principais propostas e recomendações, pode-se mencionar: o IPHAN é responsável por promover debates sobre o conceito de bem cultural de natureza imaterial; o IPHAN deve realizar inventários desses bens culturais em âmbito nacional, em especial sobre as quais já existam informações disponíveis; os inventários devem ser disponibilizados e integrados ao Sistema Nacional de Informações Culturais; a criação de grupos de trabalho, sob a coordenação do IPHAN, a fim de propor instrumento legal para registro e preservação dos bens culturais de natureza imaterial; promover e proteger essas manifestações culturais; a preservação do patrimônio cultural deve ser abordada de maneira global, buscando valorizar as formas de produção simbólicas e cognitivas; desenvolver um Programa Nacional de Educação Patrimonial e uma Política Nacional de Preservação do Patrimônio Cultural.

A Carta de Fortaleza também confirmou a defesa da legislação de preservação existente e a criação de leis complementares; o apoio e reconhecimento das atividades exercidas pelo IPHAN; a defesa da Lei de Incentivo à Cultura; o apoio às expressões culturais dos povos ameríndios, como integrantes do patrimônio nacional brasileiro.

## CARTA DE NOVA DÉLHI

A Conferência Geral da Organização das Nações Unidas para a Educação, a Ciência e a Cultura, reunida em Nova Délhi em 5 de novembro de 1956, debateu sobre os meios mais eficazes de se garantir a conservação dos monumentos e obras históricas, elaborando a Carta de Nova Délhi.

Entendendo que o conhecimento das obras do passado poderiam facilitar a compreensão mútua dos povos, julgava conveniente estabelecer a cooperação internacional neste âmbito. Apesar de cada Estado-membro ser interessado nas descobertas arqueológicas feitas em seu território, os vestígios descobertos e a serem estudados seriam de grande valia para a comunidade internacional, uma vez que permitiria o conhecimento de diferentes civilizações. Por conseguinte, era conveniente que os Estados seguissem determinados princípios, inclusive adotando dispositivos legais, sob forma de leis nacionais para salvaguardar os vestígios arqueológicos.

A Carta entendia por pesquisas arqueológicas *todas as investigações destinadas à descoberta de objetos de caráter arqueológico, quer tais investiga-*

*ções impliquem uma escavação do solo ou uma exploração sistemática de sua superfície ou sejam realizadas sobre o leito ou no subsolo das águas interiores ou territoriais de um Estado-membro.* Caberia a cada Estado Membro definir os critérios a serem seguidos para determinar o interesse público dos vestígios arqueológicos, considerando a necessidade de conservação de todos os bens a partir de uma determinada data e a obrigação de o descobridor ou escavador declarar oficialmente as descobertas, exercendo um controle rígido sobre as restaurações dos vestígios e objetos arqueológicos descobertos. Para tanto, deveria: submeter as explorações e as pesquisas arqueológicas ao controle e à prévia autorização da autoridade competente; obrigar quem quer que tenha descoberto vestígios arqueológicos a declará-los, o mais rapidamente possível, às autoridades competentes; aplicar sanções aos infratores dessas regras; determinar o confisco dos objetos não declarados; precisar o regime jurídico do subsolo arqueológico e, quando esse subsolo for propriedade do Estado, indicá-lo expressamente na legislação; dedicar-se ao estabelecimento de critérios de proteção legal dos elementos essenciais de seu patrimônio arqueológico entre os monumentos históricos.

A fim de que as pesquisas arqueológicas fossem garantidas, era aconselhável a organização de serviços nacionais, nesta área, que ficassem sob administração central do Estado. Estes órgãos deveriam estimular e desenvolver o ensino de técnicas e pesquisas arqueológicas, bem como criar uma base documental referente aos monumentos móveis ou imóveis do acervo existente em cada museu. Além disso, era fundamental a continuidade dos recursos financeiros, para que fossem executados os planos de trabalho e o bom funcionamento dos serviços, bem como a publicação científica de seus resultados, a fiscalização das descobertas fortuitas e a manutenção das escavações.

Em sendo a arqueologia uma ciência comparativa, a carta recomendava que se deveria considerar condições que facilitassem o trabalho comparativo, quando os museus fossem criados e organizados, assim como as coleções procedentes de pesquisa. Nos sítios arqueológicos mais importantes, seria conveniente criar um estabelecimento de caráter educativo para que os visitantes compreendessem melhor os vestígios arqueológicos.

Quando o regime de pesquisas envolvesse colaboração internacional, o Estado deveria regulamentar as condições gerais que deveriam nortear o projeto e a concessão, principalmente quanto ao controle da administração nacional e as causas que pudessem justificar a rescisão ou suspensão dos trabalhos previstos no acordo. A condição de igualdade, sem distinção de nacionalidade, deveria nortear um regime liberal de pesquisa, sendo conveniente a realização de missões mistas de equipes científicas, principalmente quando os Estados não dispusessem de meios necessários para a realização dos trabalhos.

Outro tópico importante do documento diz respeito à conservação dos vestígios, cabendo ao pesquisador a responsabilidade de guardar e manter o sítio pesquisado, conservando até o término das escavações os objetos e monumentos descobertos. O Estado também deveria exigir que o pesquisador publicasse os resultados de seus trabalhos.

Os produtos das pesquisas deveriam ser destinados aos museus do país em que as descobertas fossem realizadas, uma vez que eles representam a civilização e a história da nação. Em havendo objetos ou grupos de objetos que o Estado possa renunciar à sua posse, por razão de sua similitude com outros objetos, seria conveniente que eles fossem destinados, em um prazo definido, a centros científicos abertos ao público. A concessão de objetos de forma temporária poderia ser feita por questões de estudo, desde que o Estado concedente não tivesse meios suficientes e adequados para a realização de pesquisa científica.

No que concerne ao comércio das antigüidades, a Carta de Nova Délhi definia que os Estados-membros deveriam estabelecer regulamentação para o comércio de material arqueológico, a fim de que não ocorresse a evasão do material por meio ilícito, impedindo a formação de coleções particulares. Desta forma, os museus estrangeiros deveriam poder adquirir objetos, sem restrições legais, para efetivarem estudos científicos e ações educativas.

## CARTA DE PETRÓPOLIS

Em 1987, realizou-se em Petrópolis o *Primeiro Seminário Brasileiro para Preservação e Revitalização de Centros Históricos*. O encontro que reuniu especialistas da área do patrimônio discutiu o conceito de Sítio Histórico Urbano (SHU) e dos procedimentos a serem seguidos para revitalização desses sítios.

É considerado Sítio Histórico Urbano o espaço que reúne testemunhos do fazer cultural de uma cidade em suas diversas manifestações. Desta forma, o SHU é parte integrante e integrada de um contexto histórico, cultural e natural, construído a partir da vivência de uma população e entendido a partir de um processo dinâmico de formação/transformação apreendido a partir da relação entre passado e presente.

A cidade é, por conseguinte, o fruto de uma ação coletiva que expressa os valores socioculturais de uma sociedade, que é conveniente preservar a fim de evitar a deterioração ou perda de identidade cultural, ao mesmo tempo em que devem ser consideradas as novas intervenções.

Mediante estes pressupostos, a Carta de Petrópolis entende que a preservação de um SHU é um processo contínuo e permanente de manutenção da totalidade dos referenciais da estruturação do espaço e da identidade cultural. Incluem-se nesse conjunto não só os edifícios e a paisagem, mas também o universo do cotidiano e do trabalho compatíveis com o seu ambiente que marcam a peculiaridade da sociedade na sua forma plural.

O documento considera que, para a preservação do SHU, é de fundamental importância a atuação dos órgãos federais, estaduais e municipais, mas, sobretudo, a participação da população envolvida nas decisões de planejamento, exercendo assim a sua cidadania. No que tange à proteção legal do SHU, esta poderá ser realizada por meio de tombamento, inventário, normas urbanísticas (planos diretores) e outros mecanismos que garantam e protejam o patrimônio.

## CARTA DE TURISMO CULTURAL

Em 1976, realizou-se na Bélgica o Seminário Internacional de Turismo Contemporâneo, que contou com a participação de diversos órgãos ligados ao patrimônio e ao turismo cultural no mundo. O ICOMOS*, com o objetivo de promover os meios para salvaguardar e garantir a conservação dos monumentos históricos que constituem o patrimônio da humanidade, empreendeu um amplo debate sobre o tema, considerando que: *o turismo é um feito social, humano, econômico e cultural ir-*

*reversível. Sua influência no campo dos monumentos e sítios é particularmente importante e só pode aumentar, dados os conhecidos fatores de desenvolvimento de tal atividade.* Em se considerando o desenvolvimento nas próximas décadas, o turismo é um fenômeno que exercerá influência sobre os homens e sobre os monumentos e sítios em particular, em especial o turismo cultural. Esta forma de turismo tem por objetivo o conhecimento de monumentos e sítios histórico-artísticos, exercendo um efeito positivo sobre estes na medida que estimula e reforça a manutenção e proteção do patrimônio, bem como traz benefícios socioculturais e econômicos.

Porém, se os aspectos positivos são consideráveis, não podemos esquecer os efeitos negativos que uma visitação em massa e descontrolada pode causar ao patrimônio. Por conseguinte, se faz necessário o desenvolvimento de regras que possibilitem o uso adequado do patrimônio, a partir de uma política que considere o movimento turístico e as limitações de uso dos bens culturais.

Entendendo que a preservação e a promoção do patrimônio natural e cultural gera benefícios e atende a objetivos sociais e econômicos, os órgãos reunidos conclamavam aos Estados que assegurassem a rápida e enérgica aplicação da Convenção Internacional para a Proteção do Patrimônio Mundial. Manifestavam ainda o desejo de que *os Estados, por meio de suas estruturas administrativas, as organizações de operadores de turismo e as associações de consumidores e usuários, adotem todas as medidas apropriadas para facilitar a informação e formação das pessoas que planejam viajar com fins turísticos dentro e fora de seu país.*

A ação para conscientizar o público sobre o respeito e conhecimento do patrimônio cultural era fundamental, e deveria ser empreendida pela educação e pelos meios de comunicação visando à efetiva formação de uma consciência universal. Concomitantemente, convinha planejar e realizar estudos sobre o uso turístico do patrimônio cultural e natural, a fim de proteger a diversidade dos valores culturais e naturais que constituem o patrimônio da humanidade.

## CARTA DO RIO

Entre 13 e 14 de junho de 1992, foi realizada no Rio de Janeiro a Conferência Geral das

Nações Unidas sobre o Meio Ambiente e o Desenvolvimento, conhecida também como ECO-92 ou Rio-92. O evento foi um dos mais importantes no que tange à preservação do meio ambiente e teve como base ratificar a Declaração da Conferência das Nações Unidas sobre o Ambiente Humano, realizada em 1972 em Estocolmo, na Suécia.

Um dos objetivos principais era estabelecer novas alianças mundiais que garantissem a cooperação dos Estados entre si e deles com a sociedade visando proteger a integridade do sistema ambiental e do desenvolvimento mundial, respeitando os interesses de toda a humanidade.

A Conferência reconhecia que a natureza da Terra era interdependente e constituía a base que viabilizava a existência humana. Considerando estes pressupostos, a Carta do Rio definiu princípios, dentre os quais podemos destacar: *os seres humanos constituem o centro das preocupações relacionadas com o desenvolvimento sustentável. Têm direito a uma vida saudável e produtiva em harmonia com a natureza;* os Estados têm o direito soberano de usufruir dos seus próprios recursos ambientais, conforme leis específicas, salvaguardando que as atividades realizadas dentro de sua jurisdição ou controle não causem danos ao meio ambiente; o direito ao desenvolvimento deve garantir a proteção e a integridade do meio ambiente para as gerações futuras; *todos os Estados e todas as pessoas deverão cooperar na tarefa essencial de erradicar a pobreza como requisito indispensável ao desenvolvimento sustentável, a fim de reduzir as disparidades nos níveis de vida e responder melhor às necessidades dos povos do mundo;* as medidas internacionais a serem tomadas com relação ao meio ambiente têm obrigação de levar em consideração os interesses e as necessidades de todos os países, em especial os países em desenvolvimento.

O documento ainda destacava que: todos os Estados deveriam cooperar para conservar, proteger e restabelecer a saúde e a integridade do ecossistema da Terra; o desenvolvimento sustentável é uma das metas para conquistar uma melhor qualidade de vida para todas as pessoas, o qual deveria ser favorecido por incentivar a pesquisa e o intercâmbio de conhecimentos científicos e tecnológicos; o acesso à informação sobre o meio ambiente é uma das ferramentas principais para tratar as questões ambientais e conseguir a participação de todos os cidadãos; leis devem ser promulgadas para proteger o meio ambiente; os Estados deveriam cooperar para um sistema econômico internacional que favorecesse o crescimento econômico e o desenvolvimento sustentável; os Estados deveriam desestimular ou evitar a realocação e transferência para outros Estados de quaisquer atividades e substâncias que causassem *degradação ambiental grave ou se considerem nocivas para a saúde humana;* as autoridades nacionais deveriam incentivar a idéia de custos ambientais e o uso de instrumentos econômicos (multas) para punir aqueles que contaminam, os quais deveriam arcar com o ônus da contaminação; os desastres naturais e outras situações de emergência que afetem o meio ambiente deveriam ser notificados pelo Estado responsável a fim de que a comunidade internacional participasse no sentido de amenizar as decorrências do acidente; as *populações indígenas e suas comunidades, assim como outras comunidades locais, desempenham um papel fundamental no planejamento do meio ambiente e no desenvolvimento, graças aos seus conhecimentos e práticas tradicionais. Os Estados deveriam reconhecer e aprovar devidamente sua identidade, cultura e interesses e tornar possível sua participação efetiva na obtenção do desenvolvimento sustentável;* a paz conduz a proteção e desenvolvimento do meio ambiente, sendo que os Estados deverão resolver pacificamente as controvérsias sobre o meio ambiente.

## CIDADES E BAIRROS HISTÓRICOS

O desenvolvimento da sociedade moderna tem exigido cada vez mais cuidado no sentido de preservar as expressões históricas de centros ou bairros no meio urbano. O crescimento das cidades, a valorização e especulação imobiliária, a degradação e deterioração natural ou causada por fatores externos, como o vandalismo, acabam por ameaçar o patrimônio das cidades e bairros históricos.

Em 1986, o ICOMOS*, por meio da Carta Internacional para a salvaguarda das cidades históricas, conhecida como Carta de Washington, julgou conveniente complementar a Carta Internacional sobre a Conservação e a Restauração de Monumentos e Sítios (Carta de Veneza, 1964).

A Carta de Washington entende que salvaguardar as cidades históricas é criar um conjunto de medidas necessárias à sua proteção, conservação e restauração, bem como o seu desenvolvimento e utilização de forma coerente e adaptada à vida contemporânea. Desta forma, é fundamental a existência *de uma política coerente de desenvolvimento econômico e social, e ser considerada no planejamento físico-territorial e nos planos urbanos em todos os seus níveis.*

O documento destaca que os valores a serem preservados são o caráter histórico da cidade e do conjunto de elementos que expressam sua imagem. Neste sentido, são considerados importantes na preservação: a forma urbana definida pelo traçado e pela divisão da área; *as relações entre os diversos espaços urbanos, espaços construídos, espaços abertos e espaços verdes; a forma e o aspecto das edificações (interior e exterior) tais como são definidos por sua estrutura, volume, estilo, escala, materiais, cor e decoração; as relações da cidade com seu entorno natural ou criado pelo homem; as diversas vocações da cidade adquiridas ao longo de sua história.*

Para que o objetivo de salvaguardar seja atingido, é fundamental o comprometimento dos habitantes da cidade, e que o projeto seja pautado por um planejamento que contemple a prudência, a sensibilidade, o método e o rigor necessário para a preservação. Para tanto, é necessária a realização de estudos multidisciplinares, que empreendam uma análise ampla de dados arqueológicos, históricos, arquitetônicos, técnicos, sociológicos e econômicos, assim como defina as principais orientações e modalidades de ações a serem empreendidas no plano jurídico, administrativo e financeiro.

A conservação das cidades e dos bairros históricos implica a manutenção permanente das áreas edificadas. A adequação desses locais às condições contemporâneas de infra-estrutura deve ser adotada após um estudo detalhado para que as funções principais não sejam alteradas. Outro cuidado importante é com a circulação de veículos que deve ser regulamentada, bem como as áreas de estacionamento planejadas para que seja garantido o entorno do local.

Caso ocorram transformações dos imóveis com reformas ou acréscimos, sempre deverá ser respeitada a organização espacial existente e a harmonia do conjunto.

## COMPROMISSO DE BRASÍLIA

Em 1970, realizou-se o primeiro Encontro dos Governadores de Estado, Secretários Estaduais da Área Cultural, Prefeitos de Municípios Interessados, Presidentes e Representantes de Instituições Culturais, promovido pelo Ministério da Educação e Cultura. O objetivo do encontro era o estudo da complementação das medidas necessárias à defesa do patrimônio histórico e artístico nacional, sendo o seu resultado consubstanciado num relatório apresentado à Diretoria do Patrimônio Histórico Nacional que ficava incumbido de executar as recomendações nele contidas.

O relatório partia do pressuposto de que era vital a ação supletiva dos Estados e Municípios junto com a federação para a proteção de bens culturais de valor nacional ou regional. Em se almejando que os objetivos de proteção e preservação fossem atingidos, deveria ser respeitada a legislação específica referente à proteção do patrimônio vigente e, se possível, atingisse a uniformidade das leis, que implicava a criação de órgãos estaduais e municipais que complementassem a ação nacional de preservação. Reconhecia também a falta de recursos orçamentários e a carência de mão-de-obra especializada, nos diversos níveis e em especial no ensino superior, que atendessem à necessidade de restauro, conservação, manutenção de arquivos e museus, entre outras especialidades. Observava ainda que era fundamental uma formação educacional voltada para a consciência dos valores nacionais e para a preservação do patrimônio histórico, artístico e arqueológico, bem como das riquezas naturais e da cultura popular. Para tanto, disciplinas foram reestruturadas ou criadas para atender a valorização dos bens culturais nacionais.

Dentre as recomendações do Compromisso de Brasília, pode-se destacar: a universidade, em relação direta com bibliotecas e arquivos públicos e particulares, deve incentivar a pesquisa que vise ao conhecimento do passado e de bens culturais; a defesa do acervo arquivístico e bibliográfico para preservação de documentos e livros, de acordo com as normas técnicas; a documentação, pelos museus regionais, da formação histórica e cultural onde estão inseridos; a preservação do patrimônio paisagístico e arqueológico dos terrenos de Marinha, com legislação específica; a divulgação dos bens culturais pelos vários meios de comunicação; a necessidade de entrosamento dos superiores eclesiásticos e das autoridades militares com os órgãos responsáveis pela proteção dos bens culturais para que os imóveis de valor histórico ou artístico, como capelas, igrejas, fortes etc., sejam preservados adequadamente; a elaboração de leis defensivas dos antigos cemitérios, túmulos históricos e artísticos e monumentos funerários; a utilização de imóveis de valor histórico e artístico como casas de cultura ou repartições de atividades culturais; o controle do comércio de obras de arte antiga.

## COMPROMISSO DE SALVADOR

Em 1971, realizou-se o Segundo Encontro de Governadores para Preservação do Patrimônio Histórico, Artístico, Arqueológico e Natural do Brasil, que deu continuidade aos debates e às reflexões sobre as medidas necessárias à defesa do patrimônio histórico, artístico, arqueológico e natural do país, iniciado pelo Compromisso de Brasília*, o qual foi ratificado.

O resultado deste encontro deu origem ao Compromisso de Salvador, o qual fez recomendações que, dentre as principais, podemos destacar: a criação do Ministério da Cultura e de Secretarias da Cultura no âmbito estadual; a reorganização do IPHAN* com recursos financeiros e humanos adequados às suas atividades; a elaboração de legislação complementar que incluísse o conceito de visibilidade de bem tombado, visando à preservação da ambiência de conjuntos paisagísticos, arquitetônicos e urbanos de valor cultural; a obrigatoriedade de os planos diretores e urbanos, assim como os projetos de obras públicas e particulares que afetassem áreas de interesse dos bens naturais e de valor cultural, especialmente protegidos por lei, utilizarem a orientação do IPHAN e do IBDF.

Outras recomendações foram feitas como: a obtenção de financiamento será prioritária para os planos urbanos e regionais de áreas com grande quantidade de bens naturais e de valor natural, sendo que órgãos federais de financiamento de habitação colaborarão com o custeio de obras de edifícios tombados; a criação de fundos provenientes de dotações orçamentárias, incentivos fiscais e doações para proteção de bens culturais e naturais; o estabelecimento de acordos e convênios da administração pública com as autoridades eclesiásticas para a execução de restauro de bens culturais; a responsabilidade dos órgãos de planejamento do turismo para a utilização e divulgação dos bens naturais e de valor cultural, garantindo a sua preservação e valorização; a obrigatoriedade da inscrição dos bens móveis de valor cultural, com certificado de autenticidade, para transferência destes com fins comerciais; o estabelecimento de convênios entre o IPHAN e as universidades para a realização de inventário sistemático de bens móveis; o financiamento de projetos de pesquisas e de formação de pessoal para a proteção dos bens culturais e naturais; a criação de leis complementares para organizar e disciplinar as pesquisas e os trabalhos arqueológicos; o estímulo às manifestações de caráter popular e folclórico com a elaboração de calendários de festas e eventos que visem a preservar as tradições dos estados e municípios.

O documento, além das recomendações acima, sugeria ações mais específicas como: a inscrição, como monumento de valor cultural, do acervo urbano de Lençóis, na Bahia; a criação do Parque Histórico da Independência da Bahia, em Pirajá; a criação do Museu do Mate, no Município de Campo Largo, Paraná; a publicação pelas administrações estaduais e municipais de livros e documentos referentes à história da Independência brasileira, tendo em vista o sesquicentenário da Independência do Brasil.

## *CONDEPHAAT*

O Conselho de Defesa do Patrimônio Histórico, Arqueológico, Artístico e Turístico do Estado de São Paulo (CONDEPHAAT) é o órgão estadual da Secretaria da Cultura que tem como objetivo identificar, proteger, valorizar o patrimônio histórico, cultural e natural, considerados importantes para a identidade e a memória paulista.

A criação de um órgão responsável pelo patrimônio, em São Paulo, vinha sendo idealizada e discutida desde a década de 30 do século XX, quando foi instituído o Serviço do Patrimônio Histórico e Artístico Nacional (SPHAN). Apesar dos intensos debates internacionais e nacionais de valorização do patrimônio e do processo acelerado de descaracterização do patrimônio, advindo do crescimento urbano desenfreado, o projeto só foi consolidado com a discussão da nova Constituição Estadual de São Paulo de 1967, que previa a criação da Secretaria da Cultura e do Conselho de

Defesa do Patrimônio Histórico e Artístico do Estado.

Com a Lei 10.247, de 22 de outubro de 1968, foi criado o Conselho de Defesa do Patrimônio Histórico, Artístico e Turístico. Em 1969, realizou-se a primeira reunião dos nove conselheiros do órgão, designados pelo governador, quando é definida a responsabilidade do órgão sobre o patrimônio arqueológico, que passa a compor a sigla do órgão.

O Conselho Deliberativo do CONDEPHAAT é composto por diversos órgãos que representam as mais diversas instituições, como: universidades estaduais, secretarias de Estado, Institutos Históricos e Geográficos, Instituto do Patrimônio Histórico e Artístico Nacional, Instituto dos Arquitetos do Brasil, a Igreja. É de fundamental importância a ação do Conselho na defesa, conservação e preservação do patrimônio paulista, o que permite a melhoria da qualidade de vida da população na medida em que o meio ambiente e a memória são valorizados.

O órgão é responsável pelo tombamento do patrimônio do estado, sendo este constituído de *todos os bens móveis e imóveis considerados importantes por razões históricas, arquitetônicas, artísticas, tecnológicas, afetivas e articuladoras da memória paulistana, além de sítios e paisagens da natureza consideradas excepcionais por suas qualidades intrínsecas.*

O CONDEPHAAT já tombou mais de trezentos bens no Estado de São Paulo, dentre os quais podemos destacar os seguintes na capital: a Estação da Luz, o Parque da Independência, o Museu de Arte de São Paulo, o Parque da Aclimação, o Parque Fernando Costa, Casa de Mário de Andrade, Memorial da América Latina, Vila Maria Zélia, Hospedaria dos Imigrantes, Casa do Bandeirante, Instituto Butantã, Palácio dos Campos Elíseos, Igreja das Chagas do Seráfico Pai São Francisco, Igreja de Santo Antônio, Igreja de São Gonçalo, Palácio das Indústrias, Solar da Marquesa de Santos, Teatro Municipal, Vila Penteado, Monumento às Bandeiras, Parque do Ibirapuera, Capela dos Aflitos, Museu de Arte Sacra, Estação da Luz, Pinacoteca do Estado de São Paulo, Quartel da Luz, Casa das Rosas, Estádio Paulo Machado de Carvalho, Igreja de Nossa Senhora do Rosário dos Homens Pretos da Penha, Mercado Municipal etc. Foram tombados, ainda, locais e espaços que reconhecidamente abrigam manifestações culturais como o Terreiro Aché Ilê Obá e o Parque do Povo.

No interior e litoral podemos destacar os seguintes bens tombados: a casa da Câmara e Cadeia de Areias, Teatro São Vicente, em Assis, Sobrado Júlio Ferraz, em Atibaia, Sobrado Vallim, em Bananal, a Via Sacra de Cândido Portinari, da Igreja Matriz de Bom Jesus da Cana Verde em Batatais, o Forte de São Tiago, em Bertioga, a Casa de Cândido Portinari, em Brodósqui, o Palácio dos Azulejos, em Campinas, a Casa do Barão de Almeida Lima, em Capivari, o Solar do Major Novaes, em Cruzeiro, a Capela Nossa Senhora da Ajuda, em Guararema, a Igreja de Santa Rita, em Guaratinguetá, a Fortaleza de São Filipe, no Guarujá, a Sede da Fazenda Engenho D'Água, em Ilhabela, a Igreja Matriz de Santana, em Itanhaém, o Museu Republicano Convenção de Itu, o Solar do Barão de Jundiaí, Ruínas do Abareberê, em Peruíbe, o Palacete Palmeira, em Pindamonhangaba, o Parque das Monções, em Porto Feliz, a Casa do Anhanguera, em Santana do Parnaíba, a Bolsa do Café e o Conjunto Arquitetônico do Valongo, em Santos, a Capela do Sítio Querubim, em São Roque, entre outros.

## CONPRESP

Em 27 de dezembro de 1985, pela lei nº 10.032, foi criado o Conselho Municipal de Preservação do Patrimônio Histórico Cultural e Ambiental da Cidade de São Paulo (CONPRESP).

Este órgão colegiado está vinculado à Secretaria Municipal de Cultura e é formado por nove membros nomeados pelo prefeito, com mandato de três anos. Na sua composição deve-se respeitar a escolha de membros de cada uma das seguintes áreas: um representante da Secretaria Municipal de Cultura; o Diretor do Departamento do Patrimônio Histórico; um vereador, preferencialmente aquele que ocupar a presidência da Comissão de Cultura da Câmara Municipal de São Paulo; um representante da Secretaria de Negócios Jurídicos; um representante da Secretaria de Habitação e Desenvolvimento Urbano; um representante da Secretaria Municipal de Planejamento; um representante do Instituto de Arquitetos do Brasil, em especial do Departamento de São Paulo; um representante da Ordem dos Advogados do Brasil, seção de São Paulo; um representante do Conselho Regional de Engenharia e Arquitetura, seção de São Paulo.

Este Conselho tem como uma de suas atribuições deliberar acerca do tombamento total ou parcial de bens imóveis e móveis de propriedade pública, considerando a sua função social e o seu valor cultural, artístico, arquitetônico, urbanístico, histórico, documental, bibliográfico, paleográfico, museográfico, ecológico e hídrico, que ficam, a partir do tombamento, sob proteção do poder público municipal. Cabe ao Conselho comunicar sobre o tombamento dos bens aos respectivos cartórios de registros para que se faça o assentamento municipal, devendo também informar os órgãos estadual e federal sobre este ato.

No documento de tombamento devem constar as diretrizes a serem seguidas para garantir a preservação de bens culturais e naturais. Em sendo necessário, o CONPRESP deve definir a área de entorno do bem tombado a ser controlada, a fim de salvaguardar a integridade do bem e sua ambiência, sendo de sua responsabilidade promover a fiscalização da preservação e do uso dos bens tombados.

É competência do CONPRESP, valendo-se dos instrumentos legais vigentes, promover a preservação e valorização da paisagem natural, ambientes e espaços ecológicos que garantam a integridade da memória física e ecológica, assim como opinar sobre planos, projetos e propostas referentes à preservação de bens naturais e culturais. Observando a legislação, o CONPRESP deve manifestar-se também sobre as proposições de construção, conservação, restauro e demolição de bens tombados, bem como dos pedidos de licença para funcionamento de atividades comerciais ou de prestação de serviços em locais ou imóveis situados em áreas de preservação.

O Conselho deverá estabelecer uma ampla base de contato com organismos públicos e privados, nacionais e internacionais, visando estabelecer a cooperação técnica e cultural para os projetos de preservação e revitalização dos bens naturais e culturais da cidade de São Paulo, bem como captar recursos para viabilização destes projetos. Cada município brasileiro pode estabelecer conselhos de preservação visando atender aos interesses de preservação do patrimônio local, sendo sujeito às normas definidas pelo município.

## CONSERVAÇÃO E RESTAURAÇÃO

O Conselho Internacional de Monumentos e Sítios (ICOMOS)*, no segundo Congresso Internacional de Arquitetos e Técnicos dos Monumentos Históricos, realizado em Veneza em maio de 1964, elaborou uma carta internacional sobre conservação e restauração de monumentos e sítios que constituam um testemunho vivo da humanidade.

Entendendo que o patrimônio que representa os valores humanos é comum a todos, este deve ser preservado para que possa ser transmitido às gerações futuras na sua plenitude e autenticidade. Para tanto, faz-se necessário estabelecer princípios, elaborados em comum e formulados num plano internacional, que norteiem a conservação e a restauração dos monumentos.

O congresso definiu a noção de monumentos históricos que *compreende a criação arquitetônica isolada, bem como o sítio urbano ou rural que dá testemunho de uma civilização particular, de uma evolução significativa ou de um acontecimento histórico.* Neste sentido, a conservação e restauração dos monumentos reúnem a colaboração de diversas ciências e técnicas que possam contribuir para o estudo e a salvaguarda do patrimônio monumental.

A conservação deve salvaguardar a obra e preservar o esquema original do objeto, sendo que toda construção nova, modificação ou destruição que altere as relações de volume e de cores são proibidas.

Deve-se garantir que o testemunho histórico do monumento seja preservado. Desta forma, o deslocamento total ou parcial dele não é permitido, salvo quando correr riscos, ou razões de interesse nacional ou internacional o exijam. As esculturas, pinturas ou decorações que fazem parte dos monumentos também não podem ser retiradas, a não ser que esta ação seja para assegurar a sua conservação.

A restauração tem por objetivo conservar e revelar os valores estéticos e históricos do monumento, e fundamenta-se no respeito ao material original e aos documentos autênticos. A restauração deve ser sempre precedida e acompanhada de um estudo arqueológico e histórico do monumento. Conforme determinação da carta: *Quando as técnicas tradicionais se revelarem inadequadas, a consolidação do monumento pode ser assegurada com o emprego de todas as técnicas modernas de conservação e construção cuja eficácia tenha sido demonstrada por dados científicos e comprovada pela experiência.*

As intervenções feitas no decorrer da existência do monumento devem ser respeitadas no processo de restauração, pois também possuem valor histórico, arqueológico e estético. Quando o monumento for restaurado, substituindo uma parte faltante, esta deve integrar-se harmoniosamente ao conjunto. Contudo, distinguindo-se das partes originais, tendo em vista que a restauração não pode falsificar a arte e a história.

Os trabalhos de conservação e de restauração serão acompanhados pela elaboração de uma documentação, baseada em relatórios analíticos, ilustrados com desenhos e fotografias. Todas as fases dos trabalhos devem ser registradas, bem como as informações sobre os elementos técnicos e formais, sendo a documentação depositada nos arquivos de um órgão público.

A restauração é o trabalho de recuperação de caráter técnico e científico feito em uma construção ou obra de arte parcialmente destruída, de valor cultural, visando à conservação e à preservação do patrimônio em seu valor estético e histórico, sendo este bem tombado ou não.

A restauração difere da conservação. A restauração tem um caráter de intervenção excepcional e deve ser utilizada quando a construção ou obra de arte necessite ser preservada na sua integridade. Normalmente, a mão-de-obra utilizada para a realização de restauro é especializada, pois deve ser conhecedora das técnicas construtivas que envolveram o processo de produção da obra, bem como os materiais utilizados na sua elaboração. A conservação, por sua vez, é uma atividade de manutenção permanente que deve ser feita com critério para garantir a integridade do bem.

Quando um prédio for tombado, a realização de restaurações ou reformas fica sujeita à aprovação do projeto de execução pela equipe técnica do órgão responsável pelo tombamento. Para tanto, é necessário constar do projeto um estudo preliminar que contenha: plantas de situação e localização do imóvel, em escala, com todas as referências de localização; plantas baixas, cortes, fachadas e outros detalhamentos que especifiquem os revestimentos e as características do edifício; planta da fachada principal, voltada para a via pública com detalhamento dos imóveis vizinhos ao bem tombado; fotos que permitam visualizar o imóvel e seu entorno; um memorial descritivo com definição do uso da edificação, com as sinalizações das partes a serem demolidas ou construídas.

No âmbito federal, existe a Lei de Incentivo à Cultura (Lei Rouanet) que estabelece favorecimentos e isenções àqueles que realizem obras de conservação e restauro de bens tombados.

Nos estados e nos municípios brasileiros também existem leis de incentivo fiscal para os proprietários de bens tombados que realizem a restauração de seus imóveis.

Em São Paulo, existe a Lei de Incentivo à Cultura (Lei Mendonça), que estabelece isenção parcial do Imposto Predial e Territorial Urbano, e do Imposto Sobre Serviços de qualquer natureza, desde que haja comprovado investimento em obras de conservação e restauro dos bens.

Os proprietários de imóveis tombados que descaracterizarem ou demolirem o bem tombado, desrespeitando a legislação em vigor, poderão ser penalizados conforme as prescrições da lei. O proprietário que demolir um imóvel tombado ficará sujeito ao pagamento de multa que será baseada no valor venal do imóvel. Aqueles que fizerem reforma, pintura, restauro ou alteração do imóvel, sem a prévia autorização, também devem pagar multas baseadas no valor venal do imóvel. Além disso, deverão restaurar e fazer as obras no bem tombado, às suas custas, em conformidade com as orientações estabelecidas pelo órgão responsável pela preservação do patrimônio.

## CONSERVAÇÃO NOS MUSEUS

Os museus devem garantir condições ambientais estáveis e seguras para que os objetos sejam apresentados. Isto é considerado uma conservação preventiva. Cada museu deve definir normas de conservação, tendo em vista o tipo de coleções que possua, pois cada peça exige cuidados especiais que devem ser respeitados para garantir sua estrutura e a sua exposição ao público.

As condições básicas a serem garantidas ou controladas são a temperatura, a umidade relativa do ar, a intensidade da fonte luminosa, a poluição, entre outros fatores.

Os parâmetros museológicos definem que a temperatura deve ser mantida entre 20° e 26° C, pois temperaturas acima deste patamar permitem o aumento das reações químicas e, por decorrência, da deterioração do objeto, possibilitando a proliferação de fungos. As temperaturas inferiores a 16° também causam problemas de degradação e devem ser evitadas. Para que um bom controle aconteça é salutar que a estabilidade da umidade do ar seja garantida.

A umidade é uma grande inimiga das peças. A quantidade

de água existente num volume de ar está diretamente ligada à temperatura, como observa Maria Beatriz Rocha-Trindade: *sempre que a temperatura sobe a umidade relativa desce e, inversamente, sempre que a temperatura desce a umidade relativa sobe*. Desta forma, deve-se garantir condições que evitem a umidade em níveis incompatíveis com a integridade física das peças. A prática museológica tem mostrado que para metais a umidade relativa do ambiente deve ser inferior a 50%. Para algumas peças, como telas de pintura, a umidade relativa acima de 70% pode ser prejudicial, para outras, a umidade relativa inferior a 40% pode aumentar a rigidez da peça e esta tornar-se mais quebradiça. As oscilações bruscas de umidade também podem alterar a estabilidade dimensional do objeto promovendo fissuras. Por conseguinte, quando a peça é exposta, deve ser feito um estudo para que suas particularidades sejam verificadas e acompanhar o seu estado naquelas condições. Existem termômetros especiais para realizar esta mediação, que devem ser utilizados para monitorar a evolução do processo. Técnicas simples, mas sempre monitoradas por especialistas, podem ser utilizadas, como: para reduzir a umidade relativa pode-se aquecer o ambiente, ou utilizar o desumidificador; para aumentar a umidade relativa pode-se esfriar o ambiente ou aumentar a umidificação. Desta forma, é conveniente respeitar os níveis de iluminação, reduzindo ao mínimo possível os raios ultravioleta e a ação dos raios infravermelhos, bem como reduzindo o tempo de exposição.

A iluminação realizada de maneira inadequada num museu é a causadora de danos significativos às peças, pois a ação da luz tem efeitos acumulativos. Pinturas em tela, gravuras, aquarelas e tecidos podem ter degradações perceptíveis depois de expostos durante longo período a uma exposição luminosa incorreta. O museu deve controlar a quantidade de luz, que é medida em *lux*, ou seja, a quantidade de luz padrão que incide sobre uma área de um $m^2$. Nas práticas museológicas alguns parâmetros são utilizados, como: para pintura a óleo e tempera, osso, marfim e lacas orientais a fonte luminosa deve ser de cento e cinqüenta lux; para objetos mais sensíveis à luz, como tecidos, aquarelas, tapeçarias, manuscritos, papel de parede, peles e penas, a fonte luminosa deve ser de cinqüenta *lux*. No que tange à parte técnica da ação da luz, pode-se dizer que existem os raios ultravioleta e os infravermelhos. Os raios ultravioleta penetram na estrutura orgânica do objeto e podem desencadear sua degradação. Os raios infravermelhos, por sua vez, transmitem calor causando um aumento da temperatura superficial e, por decorrência, aceleram o processo de deterioração.

O controle de luminosidade não implica a desvalorização do objeto, nem é uma barreira para a vista humana. Conforme ressalta Maria Beatriz Rocha-Trindade, a visão humana adapta-se, com relativa facilidade, a níveis de iluminação muito diferentes, cabe aos profissionais explorarem esta possibilidade para planejarem a iluminação das coleções.

A poluição é outro fator de degradação. O desenvolvimento industrial, que se intensificou nos séculos XIX e XX, promoveu o crescimento vertiginoso dos níveis de poluição, acabando por lançar substâncias no ar agressivas aos seres humanos e aos objetos. A poluição num museu, quando não controlada, pode causar alterações nas peças, promovendo transformações que incluem: a deterioração de tecidos, a perda de papéis, a oxidação das cores de pinturas e outros objetos etc. Por decorrência, deve-se garantir condições mínimas para que o pó e a fuligem não afetem as peças, instalando filtros e garantindo a qualidade do ar no ambiente.

É conveniente ressaltar que existem outras formas de poluição promovidas pelas próprias peças, que podem libertar substâncias ácidas que aceleram o processo de degradação, assim como a poluição dos visitantes, que, além do pó que carregam para o museu, contaminam o ambiente com o anidrido carbônico proveniente da respiração humana.

## CONSTITUIÇÃO DE 1988

A Constituição Brasileira de 5 de outubro de 1988, promulgada por Assembléia Nacional Constituinte, reserva espaço especial no que se refere ao patrimônio cultural e natural brasileiro, dedicando artigos especiais para estes assuntos, e que devem ser seguidos pelas legislações específicas.

Considerando que todos os cidadãos são iguais perante a lei, sem distinção de qualquer natureza, estabelece que qualquer cidadão pode propor ação popular que vise anular ato lesivo ao meio ambiente e ao patrimônio histórico e cultural, ficando o autor, salvo comprovada má-fé, isento de custas judiciais e do ônus advindo do processo (Art. 5 — LXXIII)

Compete à União, aos Estados, ao Distrito Federal e aos Municípios: proteger os documentos, obras e outros bens de valor histórico, artístico, cultural, turístico e paisagístico como os monumentos, as paisagens naturais e os sítios arqueológicos; impedir a evasão, a destruição e a descaracterização de obras e bens de valor histórico, artístico e cultural; proteger o meio ambiente, preservando as florestas, a fauna e a flora, defendendo o solo e os recursos naturais, combatendo a poluição de qualquer forma. (Arts. 23 e 24) E as ações de proteção do patrimônio histórico-cultural devem estar em consonância com a legislação e a ação fiscalizadora federal e estadual. (Art. 30)

A Constituição define que o Estado garantirá a todos o pleno exercício dos direitos culturais e acesso às fontes da cultura nacional, apoiando, incentivando e valorizando as manifestações culturais de todos os grupos participantes do processo civilizatório nacional. (Art. 215)

No artigo 216, que trata de forma detalhada a questão do patrimônio, é estabelecido, pela primeira vez numa constituição, o que pode ser compreendido como patrimônio cultural brasileiro:

*Constituem patrimônio cultural brasileiro os bens de natureza material e imaterial, tomados individualmente ou em conjunto, portadores de referência à identidade, à ação, à memória dos diferentes grupos formadores da sociedade brasileira, nos quais se incluem:*

*I — as formas de expressão;*

*II — os modos de criar, fazer e viver;*

*III — as criações científicas, artísticas e tecnológicas;*

*IV — as obras, objetos, documentos, edificações e demais espaços destinados às manifestações artístico-culturais;*

*V — os conjuntos urbanos e sítios de valor histórico, paisagístico, artístico, arqueológico, paleontológico, ecológico e científico.*

*§ 1°. O Poder Público, com a colaboração da comunidade, promoverá e protegerá o patrimônio cultural brasileiro por meio de inventários, registros, vigilância, tombamento e desapropriação, e de outras formas de acautelamento e preservação.*

*§ 2°. Cabem à administração pública, na forma da lei, a gestão da documentação governamental e as providências para*

*franquear sua consulta a quantos dela necessitem.*

*§ 3°. A lei estabelecerá incentivos para a produção e o conhecimento de bens e valores culturais.*

*§ 4°. Os danos e ameaças ao patrimônio cultural serão punidos, na forma da lei.*

*§ 5°. Ficam tombados todos os documentos e os sítios detentores de reminiscências históricas dos antigos quilombos.*

No que tange às questões do patrimônio natural, o texto constitucional refere-se a ele como patrimônio ambiental e dedica à questão o artigo 225, que prevê:

*Todos têm direito ao meio ambiente ecologicamente equilibrado, bem de uso comum do povo e essencial à sadia qualidade de vida, impondo-se ao Poder Público e à coletividade o dever de defendê-lo, preservá-lo para as presentes e futuras gerações.*

*§ 1°. Para assegurar a efetividade desse direito, incumbe ao Poder Público:*

*I — preservar e restaurar os processos ecológicos essenciais e prover o manejo ecológico das espécies e ecossistemas;*

*II — preservar a diversidade e a integridade do patrimônio genético do País e fiscalizar as entidades dedicadas à pesquisa e manipulação de material genético;*

*III — definir, em todas as unidades da Federação, espaços territoriais e seus componentes a serem especialmente protegidos, sendo a alteração e a supressão permitidas somente através de lei, vedada qualquer utilização que comprometa a integridade dos atributos que justifiquem sua proteção;*

*IV — exigir, na forma da lei, para instalação de obra ou atividade potencialmente causadora de significativa degradação do meio ambiente, estudo prévio de impacto ambiental, a que se dará publicidade;*

*V — controlar a produção, a comercialização e emprego de técnicas, métodos e substâncias que comportem risco para a vida, a qualidade de vida e o meio ambiente;*

*VI — promover a educação ambiental em todos os níveis de ensino e a conscientização pública para a preservação do meio ambiente;*

*VII — proteger a fauna e a flora, vedadas, na forma da lei, as práticas que coloquem em risco sua função ecológica, provoquem a extinção de espécies ou submetam os animais a crueldade.*

*§ 2°. Aquele que explorar recursos minerais fica obrigado a recuperar o meio ambiente degradado, de acordo com solução técnica exigida pelo órgão publico competente, na forma da lei.*

*§ 3°. As condutas e atividades consideradas lesivas ao meio ambiente sujeitarão os infratores,*

*pessoas físicas ou jurídicas, a sanções penais e administrativas, independentemente da obrigação de reparar os danos causados.*

*§ 4°. A Floresta Amazônica brasileira, a Mata Atlântica, a Serra do Mar, o Pantanal Mato-grossense e a Zona Costeira são patrimônio Nacional e sua utilização far-se-á, na forma da lei, dentro de condições que assegurem a preservação do meio ambiente, inclusive quanto ao uso dos recursos naturais.*

*§ 5°. São indisponíveis as terras devolutas ou arrecadadas pelos Estados, por ações discriminatórias, necessárias à proteção dos ecossistemas naturais.*

*§ 6°. As usinas que operem com reator nuclear deverão ter sua localização definida em lei federal, sem o que não poderão ser instaladas.*

Os artigos da Constituição aqui apresentados pressupõem a existência de leis específicas que tratem dos aspectos particulares dos bens culturais, bem como da regulamentação pertinente a cada um deles, as quais são tratadas em foro específico.

## CONVENÇÃO DO PATRIMÔNIO MUNDIAL

Durante o decorrer do século XX, muito se discutiu sobre as questões referentes à preservação do patrimônio mundial. A idéia de criar um movimento internacional voltado para a preservação patrimonial surgiu após a Primeira Guerra Mundial (1914-1918), momento em que parte do patrimônio das nações havia sido eliminada ou comprometida pelos estragos advindos de sua força de destruição.

Alguns encontros foram realizados a fim de estabelecer princípios de preservação, dando origem às primeiras cartas patrimoniais, tendo como teor problematizar, pensar e apresentar propostas e soluções que envolvessem a questão do patrimônio. Contudo, a Segunda Guerra Mundial (1939-1945) fez que as ações progredissem num ritmo menos intenso, mas alguns compromissos foram assumidos no sentido de preservação do patrimônio.

Porém, o acontecimento que acabaria por envolver várias nações em torno da questão do patrimônio foi a construção da represa de Assuan, no Egito. O projeto concebido por engenheiros previa a inundação do vale onde se encontravam os templos de Abu Simbel, uma das preciosidades da civilização egípcia da Antigüidade.

No ano de 1959, a UNESCO* lançou campanha internacional solicitando ao governo do Egito e ao do Sudão que acelerassem as investigações arqueológicas nas áreas que seriam inundadas, fazendo a transferência do templo, que fora desmontado, para um terreno onde a integridade do conjunto fosse preservada. Esta operação delicada contou com o apoio técnico e financeiro de diversas nações, constituindo um marco para a conservação de monumentos considerados de grande interesse cultural para a humanidade.

Deu-se início a um processo de campanhas de preservação que tinha como objetivo garantir a existência e a preservação de monumentos, cidades, sítios arqueológicos de valor cultural para a humanidade. Na continuidade desse processo foi elaborado um projeto de convenção sobre a proteção do patrimônio cultural, associando Patrimônio Cultural e Natural. A sua proposta era estimular a cooperação internacional para proteger e preservar estes patrimônios para as gerações futuras.

Em 1968, a União Internacional para a Conservação da Natureza e seus Recursos (UICN) elaborou propostas que iam ao encontro dos interesses de preservação, as quais foram apresentadas na Conferência das Nações Unidas sobre o Meio Ambiente, em Estocolmo, em 1972.

A Conferência Geral da UNESCO, realizada em 16 de novembro de 1972, aprovou a Convenção do Patrimônio Mundial, tendo como meta o incentivo à preservação e à conservação dos bens culturais e naturais de interesse para a humanidade. Nessa convenção foram discutidos os conceitos e parâmetros para o estabelecimento do patrimônio mundial, critérios para proteção dos sítios em perigo, bem como o funcionamento do comitê e dos órgãos assessores.

O documento da Convenção do Patrimônio confirmou a estreita relação de natureza e cultura, entendendo que a identidade cultural de um povo está diretamente ligada ao meio natural em que ele se desenvolve. A Convenção estabeleceu os tipos de sítios culturais e naturais que poderiam ter a sua candidatura inscrita na Lista do Patrimônio Mundial, fixando os deveres e a função dos Estados-membros na proteção e preservação dos locais referidos. As reuniões posteriores revisaram e ampliaram os conceitos, adequando-os às necessidades que foram surgindo com as novas solicitações de inclusão e suas especificidades.

Os países que assinaram a Convenção comprometeram-se a preservar os bens do Patrimônio Mundial localizados em seu território, bem como salvaguardar o seu próprio patrimônio nacional. Esta condição estende-se a todos aqueles Estados que posteriormente assinaram a convenção. Os países signatários da Convenção do Patrimônio Mundial podem indicar bens culturais e naturais a serem inscritos na Lista do Patrimônio Mundial. Contudo, a inscrição de um sítio na referida lista deve ser obrigatoriamente feita pelos Estados solicitantes.

Para a candidatura de um bem, é necessária a apresentação de um dossiê com informações detalhadas sobre o bem natural e/ou cultural indicado, que deve estar em consonância com as exigências da Convenção. O documento deve incluir um plano detalhado sobre como o sítio será administrado e protegido. Uma comissão técnica, com assessoria de profissionais especializados, avaliará a candidatura, incluindo visita *in loco*, sendo os órgãos assessores oficiais o Conselho Internacional de Monumentos e Sítios (ICOMOS)*, a União Internacional para Conservação da Natureza e seus Recursos (UICN) e o Centro Internacional de Estudos de Conservação e Restauração dos Bens Culturais (ICCROM)*.

Ao final dos trabalhos serão apresentados laudos e avaliações técnicas ao Comitê do Patrimônio Mundial, que se reúne uma vez por ano e é integrado por representantes de vinte e um países, os quais realizarão ou não a aprovação final. Em sendo aprovado, o bem passará a constar da Lista do Patrimônio e poderá contar com o apoio do Fundo do Patrimônio Mundial, que fornece assistência financeira para conservação e restauração dos bens.

D

## DECRETO-LEI Nº 25, DE 30 DE NOVEMBRO DE 1937

Durante o governo de Getúlio Vargas (1930-1945), tivemos o primeiro ato de âmbito nacional no sentido de realizar a preservação do Patrimônio Nacional. O ministro Gustavo Capanema, pelo Decreto-lei nº 25, de 30 de novembro de 1937, determinou a proteção do Patrimônio Histórico e Artístico Nacional. Pelo decreto, constituía-se patrimônio histórico e artístico nacional *o conjunto dos bens móveis e imóveis existentes no País e cuja conservação seja de interesse público, quer por sua vinculação a fatos memoráveis da história do Brasil, quer por seu excepcional valor arqueológico ou etnográfico, bibliográfico ou artístico.* O documento incluía neste conjunto todos os monumentos naturais, sítios e paisagens que fossem de importância notável para a nação.

Ficavam excluídas do patrimônio histórico e artístico nacional as obras de origem estrangeira *que pertençam às representações diplomáticas ou consulares acreditadas no País; que adornem quaisquer veículos pertencentes a empresas estrangeiras, que façam carreira no País; que pertençam a casas de comércio de objetos históricos ou artísticos; que sejam trazidas para exposições comemorativas, educativas ou comerciais; que sejam importadas por empresas estrangeiras expressamente para adorno dos respectivos estabelecimentos.*

Os bens só seriam considerados parte do patrimônio histórico e artístico nacional depois de inscritos nos livros de tombo. A lei previa a criação de quatro Livros de Tombo, conforme segue: *Livro do Tombo Arqueológico, Etnográfico e Paisagístico*, referente às coisas pertencentes às categorias de arte arqueológica, etnográfica, ameríndia e popular; *Livro do Tombo Histórico*, referente às coisas de interesse histórico e às obras de arte histórica; *Livro do Tombo das Belas-Artes*, referente às coisas de arte erudita nacional ou estrangeira; e o *Livro do Tombo das Artes Aplicadas*, referente às obras que se incluíssem na categoria das artes aplicadas, nacionais ou estrangeiras.

O tombamento poderia ser voluntário, sempre que o proprietário fizesse a solicitação ao Serviço do Patrimônio Histórico e Artístico Nacional (SPHAN), ou quando o proprietário concordasse, por escrito, com a notificação para inscrever o patrimônio em qualquer um dos Livros de Tombo.

O tombamento compulsório se daria quando o proprietário se recusasse a concordar com a inscrição do bem. Neste caso, o SPHAN deveria notificar o proprietário para concordar com o tombamento, o qual poderia se pronunciar no prazo de quinze dias, a contar do recebimento da notificação, concordando ou oferecendo, dentro do mesmo prazo, as razões de sua impugnação. Estando conforme com as exigências legais, o processo de impugnação seria remetido ao Conselho Consultivo do SPHAN, que proferiria a decisão a respeito, dentro do prazo de sessenta dias, a contar do seu recebimento. Dessa decisão não caberia recurso e o bem seria tombado.

Conforme a lei, os bens tombados que pertencessem à União, aos Estados ou aos Municípios eram inalienáveis por natureza e só poderiam ser transferidos de uma a outra das referidas entidades. A alienabilidade e a circulação das obras históricas ou artísticas tombadas sofriam restrições constantes da presente lei.

Os bens tombados não poderiam, de forma alguma, *serem destruídos, demolidos ou mutilados, nem, sem prévia autorização especial do Serviço do Patrimônio Histórico e Artístico Nacional, ser reparados, pinta-*

*dos ou restaurados, sob pena de multa de cinqüenta por cento do dano causado.* No entorno do bem tombado ficava proibida a construção que afetasse a visibilidade do bem.

Além destes itens, a lei tratava também de regular o envio para fora do país do bem tombado, do extravio ou furto de objeto tombado, da conservação e reparação, da alienação, entre outros aspectos importantes. Esta lei, devido à sua importância histórica e às determinações específicas, é ainda considerada como fundamental para a discussão de questões concernentes ao patrimônio.

## DEPARTAMENTO DO PATRIMÔNIO HISTÓRICO (DPH)

O Departamento de Cultura de São Paulo nasceu no início do século XX, quando a cidade passava por transformações urbanas profundas em face do desenvolvimento e da necessidade de modernização, que implicou a destruição de boa parte do patrimônio cultural da cidade, levando às mudanças das formas e dos espaços de cultura e lazer. São Paulo perdia rapidamente as feições coloniais e cedia espaço para uma nova urbanização marcada pela influência européia.

Naquele momento, intelectuais e políticos como Paulo Duarte, Sérgio Milliet e Mário de Andrade, cientes das necessidades de cultura do município de São Paulo, enviaram, em 1935, ao prefeito de São Paulo, Fábio Prado, um projeto de criação do Departamento de Cultura. A aprovação deste projeto foi consubstanciada pelo ato nº. 861 que criou o Departamento de Cultura e Recreação da Prefeitura Municipal de São Paulo, sendo Mário de Andrade o seu primeiro diretor.

Dá-se início a uma série de estudos e levantamentos, que visavam resgatar a identidade cultural paulistana, bem como estimular a construção de parques infantis, uma das metas de Mário de Andrade. O quadro político do período, com o Golpe de Estado de Getúlio Vargas em 1937, fez que o Departamento passasse por momentos difíceis e modificações no decorrer dos anos.

Em 1945, o Departamento de Cultura foi anexado à Secretaria de Cultura e Higiene, sendo dois anos mais tarde incorporado à Secretaria de Educação e Cultura. A preservação do patrimônio foi idealizada por Má-

## DEPARTAMENTO DO PATRIMÔNIO HISTÓRICO (DPH)

rio de Andrade em 1935, e manteve-se como uma atividade atrelada ao Departamento de Cultura da cidade de São Paulo até o ano de 1975, quando foi criado o Departamento do Patrimônio Histórico (DPH). Sua atribuição naquele momento era a preservação e divulgação de todos os tipos de documento relativos à memória coletiva da cidade de São Paulo.

O desenvolvimento da cidade e as rápidas transformações urbanas que ocorreram nas três últimas décadas do século XX fizeram que o Departamento do Patrimônio Histórico fosse responsável pela implementação de políticas voltadas para a preservação e valorização de documentos, mas também de acervos tridimensionais e do patrimônio edificado e ambiental que tivesse grande significado histórico e cultural para o município.

Este departamento possui divisões técnicas, a fim de atender às necessidades específicas que cada área exige: Arquivo Histórico Municipal, Iconografia e Museus e Preservação.

Cabe à Divisão do Arquivo Histórico Municipal a guarda permanente, conservação e divulgação dos conjuntos documentais produzidos no decorrer dos anos pelos órgãos do poder executivo, legislativo e administrativo do município. O acervo reúne documentos desde o século XVI, como as Atas da Câmara da Cidade de São Paulo, as cartas de Datas de Terras, Resoluções e Leis, mapas, plantas, entre inúmeros outros.

E

## EDUCAÇÃO AMBIENTAL

A educação ambiental tornou-se uma das maiores preocupações do mundo no final do século XX. O desenvolvimento industrial, o crescimento desorganizado das cidades, a ocupação das áreas rurais, a destruição de áreas naturais e os acidentes provocados pelo homem ou pela natureza, entre outros fatores, contribuíram para afetar o meio ambiente de forma significativa. As nações do mundo, considerando que estas alterações comprometem a qualidade de vida no planeta, pondo em risco a vida do ser humano, definiram por meios legais que o meio ambiente ecologicamente equilibrado é um direito do cidadão, princípio este que foi incorporado pela Constituição Federal Brasileira de 1988*.

Entendendo que a preservação e o respeito ao meio ambiente são primordiais para os interesses da nação, a Constituição determina que uma das obrigações do poder público é a promoção da educação ambiental, visando à conscientização pública.

O IBAMA*, por meio das suas diretrizes para operacionalização do PRONEA (Projeto Nacional de Educação Ambiental), é o responsável pela educação ambiental, a qual deve ser desenvolvida como um processo participativo e de interação entre o indivíduo e a coletividade. A educação ambiental, além de fornecer conhecimentos básicos, tem como meta desenvolver atitudes e valores sociais voltados para a manutenção do meio ambiente.

O IBAMA, inspirado nos princípios do reconhecimento da pluralidade e diversidade cultural, exerce suas funções na área de educação ambiental em duas vertentes: apoio ao sistema educacional, visando à inserção da temática ambiental nos currículos dos programas e ao desenvolvimento de ações de cunho educativo no processo de gestão ambiental, por meio de seus Núcleos de Educação Ambiental (NEA), Unidades de Conservação e Projetos de Manejo de Fauna.

Os Núcleos de Educação Ambiental possuem projetos diversos voltados para a educação ambiental, desenvolvendo alternativas de subsistência a partir da exploração da natureza, para moradores de determinadas áreas, de forma a garantir a conservação ambiental. Estas ações têm como meta: reorientar o agir da população para com o meio ambiente; desenvolver programas de ecoturismo; estimular e viabilizar a gestão participativa na implementação de projeto de utilização dos recursos naturais de forma sustentável.

Para que estes projetos se consolidem, o IBAMA capacita gestores e educadores ambientais e materiais educativos voltados para a divulgação de conhecimentos específicos. A multiplicação deste conhecimento é feita com a parceria de universidades e órgãos estaduais e municipais de meio ambiente e entidades da sociedade civil.

## EDUCAÇÃO PATRIMONIAL

A educação patrimonial é uma das metas da educação contemporânea e dos órgãos ligados à preservação do patrimônio. Por meio da educação é possível sensibilizar sobre a importância do patrimônio cultural para a humanidade, despertando o interesse para a necessidade de respeito aos monumentos públicos, sua preservação e valorização, bem como da preservação dos bens culturais imateriais, ligados ao cotidiano, ao artesanato e à memória das comunidades, considerando o seu contexto sociocultural.

A educação patrimonial visa conscientizar o indivíduo de que os bens culturais que formam o patrimônio pertencem a ele e à coletividade, enquanto agentes histórico-sociais, ao mesmo tempo em que incentiva a identificá-los como registro da memória de uma sociedade. Essa atitude implica também o resgate da memória e dos valores culturais de uma comunidade, fazendo que os indivíduos apreendam o significado do patrimônio na sua trajetória histórico-temporal e saibam interagir com ele, sendo capazes de definir o que é ou não é patrimônio, considerando a importância do monumento, objeto, tradição etc. para a sua existência e identidade bem como para a das gerações futuras.

Ao estabelecer uma relação de aproximação do indivíduo com o patrimônio, a educação patrimonial contribui para a formação de um cidadão consciente dos seus direitos e deveres, que compreenderá a importância da preservação dos bens culturais para a preservação da memória e da identidade de um povo ou nação, e da necessidade da ação de proteger e escolher seus bens patrimoniais. Desta maneira, procura-se envolver o indivíduo e a comunidade, como agentes ativos, na preservação sustentável e na gestão do patrimônio cultural.

A educação patrimonial pode ser direcionada para qualquer faixa etária, independentemente do bem cultural que se deseja estudar/divulgar. O processo de educação patrimonial deve instigar o indivíduo a: observar e pensar sobre o bem cultural; manifestar quais as impressões sobre o bem cultural; pesquisar e discutir os resultados e apropriar-se do significado do bem para cada um. A educação patrimonial pode ser estimulada com visitas aos museus, exposições e monumentos, pela veiculação de material informativo impresso e pelos meios de comunicação, pela realização de eventos, seminários e exposições, publicação de livros, revistas e cartilhas, produção de vídeos e outros materiais, como também o desenvolvimento de ações educativas. Estas atividades devem ser algo prazeroso que conduza à valorização do patrimônio. Para tanto, é necessário que o instrutor explique o que é um museu, sua importância e sua ambientação, estimulando uma consciência de preservação e a consolidação de atitudes que demonstrem a conscientização de que o bem é patrimônio de todos.

Entre 6 a 8 de maio de 1997, um grupo de técnicos do IPHAN, reunidos em Brasília, discutiram aspectos referentes à educação patrimonial. Entendendo que toda e qualquer ação do IPHAN tem um caráter educativo, capaz de determinar o comportamento dos indivíduos e das coletividades, o grupo optou pela implementação de um Programa de Educação Patrimonial nas unidades do IPHAN, além de recomendar: a elaboração de um Guia Básico de Educação Patrimonial, contendo desde conceitos até metodologias para desenvolvimento de atividades; a realização de um levantamento de projetos de educação patrimonial nas diversas unidades do IPHAN; e a obtenção de linhas de financiamento para efetivar a divulgação do patrimônio.

Nesta proposta, o grupo entendia que os principais objetivos da educação patrimonial eram: tornar acessíveis aos indivíduos os instrumentos e a leitura crítica dos bens culturais; fortalecer a identidade cultural; estimular a apropriação, o uso e a responsabilidade da comunidade pelo patrimônio cultural; estimular a interação entre a sociedade e os órgãos responsáveis pela identificação, proteção e promoção do patrimônio cultural e promover a produção de novos conhecimentos sobre a dinâmica cultural.

Por meio da educação patrimonial, pode-se conscientizar a população para a importância da preservação, pois a utilização do patrimônio cultural ou natural permite que muitas comunidades tenham um desenvolvimento sustentável que garanta a geração de renda para toda a população. Neste sentido, a população precisa estar engajada nas ações de preservação dos bens culturais e naturais, visando à preservação de uma memória coletiva que é importante para a manutenção dos valores do grupo e da sua transmissão e continuidade para as gerações futuras, que devem aprender a valorizar este patrimônio.

## EXPOSIÇÃO

A função do museu é permitir que todos tenham acesso ao patrimônio histórico sob sua guarda, cumprindo a sua missão cultural e educativa. Desta forma, a exposição é uma das funções principais do museu, que deve apresentar e divulgar o patrimônio museológico para um público variado, fazendo que o conhecimento seja transmitido. É de fundamental importância organizar o museu de forma didática para que os indivíduos compreendam os objetos, sua função e utilidade, no contexto em que foram produzidos.

Nos museus brasileiros podemos encontrar alguns tipos de

exposição, conforme a natureza dos objetos e as particularidades da instituição. Pode-se identificar: exposições permanentes, normalmente de longa duração; exposições temporárias, de duração por um período determinado; e exposição itinerante, de curta duração.

O discurso expositivo dos museus transformou-se no decorrer dos anos. As primeiras exposições de coleções de particulares, normalmente de pessoas importantes, eram marcadas pela profusão de peças e visavam comprovar o poder e a riqueza do proprietário das peças. No século XVIII, as idéias iluministas acabaram por influenciar a forma de compreensão do próprio museu e, por conseguinte, a exposição passou a ser um momento em que o indivíduo teria acesso a diversos tipos de conhecimento, contribuindo para a sua formação.

Neste período, e até na primeira metade do século XX, a organização interna dos museus era deficiente e por vezes as peças eram expostas sem nenhum critério e sem nexo. A exposição não era didática e os objetos, independentemente do seu valor ou tamanho, eram dispostos amontoados pelas galerias e salas, comprometendo a valorização estética do objeto.

Na segunda metade do século XX, observamos mutações sensíveis no discurso expositivo. Preocupava-se em expor as peças, mas de forma que o objeto fosse valorizado, tornando-o compreendido pelo visitante. Surgia uma nova concepção de organização, ao mesmo tempo em que os estudos museológicos se intensificavam. Para uma boa exposição, cada vez mais, era necessário o estudo dos objetos e o entendimento de quais eram os interesses dos visitantes. A preparação de uma apresentação passou a envolver a discussão do tema e dos objetivos do evento, para que os objetos fossem selecionados e apresentados no espaço do museu de forma compreensível, criando-se, na medida do possível, uma ambiência de contexto. Assim, o objeto deve ser apresentado ao público de forma que o seu significado seja apreendido na própria relação que estabelece com os demais objetos da exposição.

As exposições podem variar de museu para museu, tendo em consideração: o espaço físico, os tipos de objeto, o plano museológico, entre outros elementos. O curador, os museólogos e outros profissionais ligados ao museu definem a escolha do tema, fazendo uma análise de sua importância para a sociedade. Em seguida, faz-se uma estimativa do investimento necessário para a realização da exposição que, em sendo aprovada, exige que se forme uma equipe de trabalho. O passo seguinte é o da seleção dos objetos e da investigação minuciosa destes. Caso seja necessário, as peças que fizerem parte da exposição devem passar por restauro. Normalmente é realizado um planejamento que contemple a definição da forma e do percurso que a exposição apresentará, partindo do pressuposto de que o espaço deve-se adequar à mensagem a ser transmitida pelos objetos. Com todas as informações necessárias reunidas, deve-se preparar o catálogo da exposição, procedendo nas etapas subseqüentes a montagem da exposição, que envolve um número significativo de pessoas e de recursos materiais, e a divulgação.

Na elaboração do projeto de exposição deve-se considerar que a iluminação seja adequada para não danificar os objetos ou comprometer a sua conservação, utilizando-se da iluminação indireta ou especial, bem como considerar todos os itens de uma conservação preventiva. Da mesma forma, é conveniente considerar aspectos como a umidade relativa do ar, temperatura, entre outros que venham a comprometer a integridade das peças.

Os objetos devem ser apresentados de forma que qualquer visitante possa observá-los com facilidade. Para tanto, eles devem ser apresentados em vitrinas ou suportes adequados à especificidade da sua natureza. As peças devem ser expostas com uma ficha técnica ou texto explicativo, que permita ao público compreender o que está sendo exposto. O texto deve conter: o título, as informações sobre o objeto, a cronologia, dados sobre o autor, proveniência, número do inventário, e outras informações que forem convenientes a uma boa compreensão do objeto.

G

## GESTÃO PATRIMONIAL

O patrimônio cultural constitui uma herança histórica, deixada pelas gerações anteriores, que cabe a todos preservar para que seja transmitida às gerações vindouras. O patrimônio é o testemunho vivo da diversidade cultural, realizado pelos homens em diversas épocas, e deve ser preservado para que os nossos descendentes possam apreciar e avaliar o desenvolvimento da humanidade.

A gestão do patrimônio cultural é a administração de forma eficiente de recursos patrimoniais, humanos, econômicos, visando à preservação do patrimônio. Para que esse objetivo seja atingido, a gestão deve garantir a integridade dos bens culturais sob responsabilidade do gestor, que deverá conduzir a sua administração de forma eficiente e que atenda aos interesses da sociedade.

A gestão de bens culturais de valor histórico, artístico e cultural exige profissionais qualificados, com uma formação sólida e multidisciplinar, que, acima de tudo, tenham um conhecimento específico sobre o patrimônio cultural. Desta forma, pode-se observar que uma boa gestão patrimonial é aquela que garante a conservação do bem cultural, ao mesmo tempo em que administra de forma adequada os recursos disponíveis e garante a exploração do patrimônio cultural pela população.

A função de gestor do patrimônio cultural é uma profissão recente, surgiu na segunda metade do século XX. A gestão do patrimônio, até então, era feita de forma voluntária e intuitiva, por vezes sem critério, o que acabou por comprometer a preservação dos bens culturais.

A profissionalização da área demonstra que, cada vez mais, o patrimônio pode e deve ser administrado de forma a permitir que todos tenham acesso a ele, sinalizando para o fato de que o próprio patrimônio pode gerar renda para que a sua conservação e preservação se processe de forma sustentável.

## GUIAS E MONITORES

Os guias são profissionais que exercem atividades de acompanhamento, orientação e informação de grupos e pessoas quando um local/monumento é visitado. A presença do guia é de fundamental importância para qualquer tipo de visita ao bem patrimonial, principalmente em locais onde os bens necessitem de uma preservação mais cuidadosa, como por exemplo os sítios arqueológicos.

Os guias devem ter formação específica para exercer a sua atividade de forma adequada, fornecendo ao visitante as informações mínimas necessárias sobre o bem cultural e natural, seu contexto e sua especificidade, permitindo que o visitante tenha uma compreensão abrangente do local visitado e do bem cultural.

A formação dos profissionais que atuarão nesta área pode ficar a cargo dos governo federal, estadual e municipal, bem como de universidades e órgãos ligados à preservação do patrimônio, que deverão também garantir a preparação do material para a formação dos profissionais. É conveniente que a formação seja pautada por uma visão abrangente sobre patrimônio cultural/natural, bem como por um conhecimento específico sobre o local onde o profissional atuará.

O guia é responsável pela proteção do sítio devendo: acompanhar e orientar os visitantes na conduta correta para o local de visitação; indicar os possíveis efeitos negativos sobre um bem patrimonial decorrentes de um comportamento inadequado durante a visitação; esclarecer sobre a existência de legislação que garante a proteção e prevê penalidades para ações que causem danos ao bem patrimonial.

I

## IBAMA

A noção de preservação e gestão do meio ambiente é recente no Brasil. Durante muitos anos, a ocupação do solo e a exploração dos recursos naturais se processaram de forma desenfreada e as atitudes humanas para com o meio ambiente foram predatórias e destruidoras.

Após a descoberta do Brasil, identificamos processos de exploração da natureza brasileira para atender às demandas da sociedade européia: inicia-se a extração do pau-brasil, a produção da cana-de-açúcar, a exploração de minerais, entre outras formas de exploração que não tinham preocupação com a conservação e a preservação dos recursos naturais, o que implicava a derrubada de árvores, a exploração do solo e dos recursos hídricos de forma desordenada, acabando por transformar áreas produtivas em regiões inóspitas. O homem tinha uma visão utilitária da natureza, praticamente inexistindo ações que tivessem como objetivos a preservação e o entendimento do equilíbrio dos ecossistemas.

Os problemas advindos desse processo desorganizado de exploração já se manifestavam no século XIX, quando alguns estudiosos, botânicos e naturalistas alertavam para o perigo da extinção e desaparecimento de algumas espécies animais e da destruição das matas e florestas, ao mesmo tempo em que revelavam ao mundo a riqueza de uma fauna e flora riquíssimas e totalmente desconhecidas.

A constatação de que o crescimento do país conduzia à destruição das reservas naturais levou D. Pedro II a proibir a comercialização do pau-brasil. Normas foram criadas para regrar o saneamento, controlar as enchentes, minimizar os impactos da seca, ao mesmo tempo em que delineavam medidas incipientes para a conservação e preservação do patrimônio natural. As cidades cresciam e o progresso impunha a alteração do espaço urbano. A natureza pouco a pouco cedia seu lugar aos edifícios que se aglomeravam nos grandes centros em franca expansão.

O início da industrialização transformou a base econômica do país, exigindo que instrumentos legais e órgãos públicos fossem criados para atender as novas necessidades. Desta forma, são criados a partir de 1934 o Código de Águas, o Departamento Nacional de Obras e Saneamento, o Departamento de Obras Contra a Seca e a Patrulha Costeira. Na seqüência deste processo criaram-se os parques nacionais e as áreas florestais protegidas; estabeleceram-se normas de proteção dos animais; promulgaram-se códigos de proteção à natureza; dispôs-se sobre a proteção de depósitos fossilíferos e criou-se a Fundação Brasileira para a Conservação da Natureza, em 1948.

A década de 1960 é marcada por convenções e reuniões internacionais que discutem a conservação e a preservação do meio ambiente. Em 1968, realiza-se a Conferência Internacional sobre a Utilização Racional e a Conservação dos Recursos da Biosfera, promovida pela UNESCO*, que define as bases para a criação de um programa internacional dedicado à proteção da biosfera.

A partir da década de 1970, a participação do Brasil como membro das Nações Unidas permitiu que os acordos e termos de responsabilidade fossem assinados, momento em que problemas ambientais começavam a chamar a atenção de todos os países para as questões referentes ao ecossistema. Em 1971 é realizado o Primeiro Simpósio Sobre Poluição Ambiental, tendo em vista o crescimento industrial desregrado e o crescente número de crimes contra a natureza.

No ano seguinte, o Brasil participa da Conferência das Nações Unidas para o Ambiente Humano, realizado em Estocolmo, na Suécia. Esta reunião mostrou que na maioria dos países participantes do evento não havia políticas e programas de proteção ambiental. Por conseguinte, uma das principais recomendações do encontro foi consolidar que o crescimento econômico dos Estados deveria respeitar um planejamento ambiental, com consciência e prudência ecológica que garantisse um ecodesenvolvimento.

Pelo documento ficava evidente que o subdesenvolvimento era um dos principais inimigos da natureza, pois a busca por um crescimento econômico rápido levava à poluição do ambiente. Desta forma, foram estabelecidos os princípios que orientavam as ações de instituições e países na área ambiental, norteados pela idéia de que o homem deveria ser valorizado no ambiente em que vive, sendo ele o responsável pelo progresso social que gera riquezas e desenvolve a ciência e a tecnologia.

Em 1973 foi criada a Secretaria Especial do Meio Ambiente — SEMA —, tendo como objetivo discutir perante a sociedade a questão ambiental, promovendo a conscientização sobre o tema, visando evitar atos contra o meio ambiente. Valendo-se de instrumentos legais, a SEMA atuou no sentido de monitorar a poluição industrial e proteger a natureza. Esta atuação foi reforçada pelas conclusões do Clube de Roma, organização que se preocupava com as questões ambientais do mundo. Reunido em 1972, o Clube publicou um relatório que chamava a atenção para os perigos e limites do crescimento econômico então vigente, o qual se utilizava dos recursos naturais de forma desenfreada; o que colocava o mundo sob estado de alerta.

Em 1981 o governo brasileiro institui, por meio do SEMA, a Política Nacional do Meio Ambiente, a qual estabeleceu o Sistema Nacional do Meio Ambiente (SISNAMA), o Cadastro Técnico Federal de Atividades e Instrumentos de Defesa Ambiental e o Conselho Nacional do Meio Ambiente (CONAMA). A criação destes órgãos definiu instrumentos para que uma política e controle sobre questões ambientais passasse a vigorar no território nacional.

No mesmo ano, foi criada a primeira lei ambiental (nº 6.902) de proteção à natureza, que definiu as unidades de conservação e proteção ambiental, em especial as áreas de proteção de mananciais e as áreas verdes no entorno de zonas industriais.

## IBAMA

A Constituição Brasileira de 1988* inclui no seu texto determinações importantes sobre a política ambiental delineando as atribuições do governo e da sociedade para com a preservação e conservação da natureza. Neste cenário, foi criado o Instituto Brasileiro do Meio Ambiente e dos Recursos Naturais Renováveis (IBAMA), órgão do Ministério do Meio Ambiente, que surge com a Lei nº 7.735, de 22 de fevereiro de 1989.

O Instituto foi formado a partir da reunião de órgãos ligados às questões ambientais: Secretaria do Meio Ambiente; Instituto Brasileiro de Desenvolvimento Florestal; Superintendência da Borracha e Superintendência da Pesca.

Em 1992, ocorreu a Conferência da ONU sobre Meio Ambiente e Desenvolvimento, Rio-92 (Carta do Rio*), quando foram discutidas questões referentes à situação ambiental no mundo, estratégias de promoção de desenvolvimento sustentado e de eliminação de pobreza nos países em desenvolvimento, e a identificação de estratégias regionais e globais para as questões ambientais. Em 16 de outubro daquele ano foi criado o Ministério do Meio Ambiente, que é o responsável pelo IBAMA. Este órgão é responsável por gerir a questão ambiental no Brasil, formulando, coordenando, executando e fazendo executar a Política Nacional do Meio Ambiente, isto é, preservação, conservação e uso racional, fiscalização, controle e fomento dos recursos naturais renováveis.

O IBAMA tem definidos como objetivos para o cumprimento de sua missão: *reduzir os efeitos prejudiciais e prevenir acidentes decorrentes da utilização de agentes e produtos agrotóxicos, seus componentes e afins, bem como seus resíduos; promover a adoção de medidas de controle de produção, utilização, comercialização, movimentação e destinação de substâncias químicas e resíduos potencialmente perigosos; executar o controle e a fiscalização ambiental nos âmbitos regional e nacional; intervir nos processos de desenvolvimento geradores de significativo impacto ambiental, nos âmbitos regional e nacional; monitorar as transformações do meio ambiente e dos recursos naturais; executar ações de gestão, proteção e controle da qualidade dos recursos hídricos; manter a integridade das áreas de preservação permanentes e das reservas legais; ordenar o uso dos recursos pesqueiros em águas sob domínio da União; ordenar o uso dos recursos florestais nacionais;*

*monitorar o status da conservação dos ecossistemas, das espécies e do patrimônio genético natural, visando à ampliação da representação ecológica; executar ações de proteção e de manejo de espécies da fauna e da flora brasileiras; promover a pesquisa, a difusão e o desenvolvimento técnico-científico voltados para a gestão ambiental; promover o acesso e o uso sustentado dos recursos naturais e desenvolver estudos analíticos, prospectivos e situacionais verificando tendências e cenários, com vistas ao planejamento ambiental.*

## ICOM

O Conselho Internacional de Museus (ICOM) foi criado em 1946 como uma organização não-governamental, sem fins lucrativos, associada à UNESCO*, tendo como proposta dedicar-se ao desenvolvimento de museus, da profissão do museólogo, da preservação do patrimônio cultural e da troca de informações científicas no âmbito internacional.

Os objetivos principais do ICOM são: encorajar e sustentar a criação, o desenvolvimento e a gestão profissional de museus de todas as categorias; fazer conhecer e compreender a natureza, as funções e o papel dos museus a serviço da sociedade e do seu desenvolvimento; organizar a cooperação entre museus e membros da área museológica de diferentes países; representar, defender e promover os interesses de todos os profissionais de museus, sem interesse; estimular o progresso e a difusão do conhecimento no domínio da museologia e de outras disciplinas concernentes à gestão e às atividades de um museu.

Enquanto organismo consultivo, constitui uma base de informação e referência para os profissionais de museus e outros especialistas das áreas culturais, manifestando estar voltado para uma reflexão ativa sobre os problemas sociais, econômicos e técnicos ligados à cultura.

A sede principal do ICOM está localizada em Paris, na França, que organiza e sistematiza as ações no âmbito mundial do órgão. O ICOM está presente em mais de cento e quarenta países, colaborando em ações internacionais e nacionais com publicações, curso de formação, oficinas e promoção de museus. As ações do ICOM visam atender à necessidade dos profissionais e articular-se em torno dos seguintes temas: cooperação e intercâmbio científico; disseminação do conhecimento sobre museus e sensibilização do público para a preservação do patrimônio; formação de profissionais; desenvolvimento de normas profissionais; elaboração e promoção dos deveres e da ética profissional; proteção do patrimônio e luta contra o tráfico ilícito de bens culturais.

Tendo em consideração a grande diversidade de especialidades que envolvem a área museológica, o ICOM se subdivide em: comitês nacionais, internacionais e organizações regionais e afiliadas, entre outros departamentos.

Os comitês nacionais são os principais elos de comunicação entre a organização e seus membros, que podem adotar o seu próprio regulamento desde que este atenda aos princípios estabelecidos pelo estatuto do ICOM. Cada comitê garante os interesses do ICOM, no respectivo país onde está sediado, contribuindo para que os objetivos dos programas do ICOM sejam cumpridos. Compete aos comitês nacionais favorecerem a adesão de profissionais de museus e dos museus do país ao ICOM, bem como comunicar aos órgãos superiores questões relevantes ao ICOM.

Os comitês internacionais constituem os principais instrumentos de trabalho do ICOM para a realização de seus programas e atividades. Um comitê internacional pode ser criado para atender a aspectos particulares da museologia, da política, da prática e de outras atividades ligadas à área museológica. É de sua responsabilidade desenvolver e executar os programas do ICOM e as atividades relativas ao seu domínio específico, assim como permitir aos profissionais de museus colaborarem para o desenvolvimento de suas especialidades e contribuírem para a realização dos princípios e objetivos da organização.

As organizações regionais são formadas a partir de pelo menos três comitês nacionais, de uma mesma região geográfica, por recomendação do comitê consultivo. O objetivo da organização regional do ICOM é fornecer uma tribuna para que as trocas de informações e colaborações ocorram entre os comitês nacionais, os museus e os profissionais de museus, na região onde ela foi criada. Ela pode organizar conferências, publicar boletins e outras obras que atendam o ICOM, quanto à sua finalidade de promover intercâmbio de atividades museológicas.

Existem ainda as organizações afiliadas, que são aquelas organizações internacionais compostas pelo menos por dois terços de profissionais de museus, e que venham a solicitar, de forma oficial, a sua afiliação à organização, estando em consonância com os princípios norteadores do ICOM.

## ICOMOS

Em 1965 foi criado o Conselho Internacional de Monumentos e Sítios (ICOMOS), associação internacional e não-governamental engajada com a promoção da conservação, proteção, reabilitação de monumentos, conjunto de edifícios e sítios em âmbito mundial, com sua sede principal em Paris.

O ICOMOS foi criado a partir da Carta de Veneza de 1964, ou Declaração para a Conservação e Restauração de Monumentos e Sítios, cabendo a ele a organização e a ligação entre autoridades públicas, instituições e indivíduos preocupados com a conservação de monumentos e sítios e as organizações internacionais. Atualmente, é o principal órgão consultor da UNESCO* em assuntos referentes à conservação e à proteção de monumentos e sítios.

Sua atuação está voltada para o estudo e a coleta de informação sobre o conhecimento técnico para a conservação, proteção, reabilitação e melhoria de monumentos e sítios a fim de fazer intercâmbio com outras instituições internacionais ou nacionais com objetivos similares. Desta forma, o ICOMOS deve cooperar em níveis nacional e internacional na criação e no desenvolvimento de centros de documentação ligados à conservação e proteção do patrimônio cultural. O ICOMOS pode manter Comitês Nacionais nos países-membros da UNESCO, respeitando as leis dos respectivos países. Atualmente ele está presente em mais de oitenta e sete países.

Como órgão internacional, deve estimular a adoção e a implementação das recomendações internacionais a respeito de monumentos, grupos de edificações e de sítios, bem como participar de programas de treinamento de especialistas para atuarem nestas áreas, em estreita relação com a UNESCO e com o Centro Internacional para o Estudo da Preservação e da Restauração da Propriedade Cultural (ICCROM), em Roma. O ICOMOS possui Comitês Científicos Internacionais, de caráter temático, que visa estabelecer padrões internacionais para a preservação, restauração e gerenciamento do ambiente cultural. Alguns dos comitês são:

Análise e Restauração de Estruturas do Patrimônio Arquitetônico; Arquitetura em Terra, Estudo e Conservação da Arquitetura Vernacular; Arte Rupestre; Cidades e Povoações Históricas; Economia da Conservação; Edificações em Pedra; Edificações em Madeira; Formação Profissional; Fotogrametria Arquitetônica; Gestão do Patrimônio Arqueológico; Jardins e Sítios Históricos; Patrimônio Cultural Subaquático; Pinturas Murais; Turismo Cultural; Vitrais.

Em 1978, foi fundado o ICOMOS/Brasil no Rio de Janeiro, como Comitê Brasileiro do ICOMOS. O seu quadro associativo conta com profissionais de diversas áreas do saber empenhados na defesa do patrimônio cultural (especialmente o Patrimônio Histórico Edificado e o Patrimônio Arqueológico), sendo composto por membros individuais, institucionais, mantenedores e honorários. O ICOMOS/Brasil possui seus Estatutos, estabelecendo e conduzindo programas nacionais de acordo com a Assembléia Geral e os objetivos e programas do ICOMOS. Como comitê nacional, discute e troca informações nacionais e internacionais sobre questões técnicas, legais e burocráticas que sejam pertinentes a conservação e restauração de monumentos e sítios.

## INVENTÁRIO

O inventário ou inventário cultural/natural é o levantamento sistemático dos bens culturais e naturais, visando ao conhecimento e à proteção do patrimônio de uma determinada cultura. O inventário é considerado a primeira forma para a identificação e o reconhecimento da importância dos bens culturais e naturais realizado por um município, estado ou nação.

O procedimento para a realização de um inventário pode variar de município para município, mas a tendência é que ele atenda a alguns princípios básicos. Primeiramente, define-se uma área de trabalho para inventariar os bens. O critério para a determinação da área deve ser o do interesse que aquela região tem para a preservação e para manter as características originais. Definida a área, desenvolve-se uma pesquisa de gabinete que contemple aspectos históricos para o resgate da formação, do desenvolvimento histórico-cultural, socioeconômico e urbanístico do local. Para tanto, é conveniente a consulta ao acervo/arquivo e às bibliotecas do município para os levantamentos documental, cartográfico e iconográfico, que deverão ser analisados pelos especialistas.

Sua função é facultar a participação ativa da comunidade onde os bens estão inseridos, a fim de que seja possível obter um conhecimento maior sobre o acervo cultural e natural, estabelecendo vínculos entre a comunidade e o seu patrimônio.

Após este levantamento prévio, dá-se início às pesquisas de campo que têm como objetivo reconhecer as áreas e suas características fundamentais, identificando e fazendo o registro minucioso de todos os tipos de bens imóveis e naturais do local, os quais podem ser classificados segundo o seu valor arquitetônico, histórico e ambiental. Estes critérios devem ser definidos previamente, a fim de que todos os envolvidos tenham o conhecimento pleno dos conceitos e de como proceder à classificação.

Normalmente utilizam-se de fichas técnicas padronizadas, previamente elaboradas, onde devem constar os campos para ser preenchidos com informações mínimas sobre os bens e até os espaços para a elaboração de croquis e mapas. Esta orientação deve ser seguida para que se possa iniciar uma análise mais profunda sobre a importância desses bens e sua preservação.

O cruzamento das informações recolhidas na pesquisa de gabinete e aquelas recolhidas em campo permitirá o registro e o conhecimento mais abalizado dos bens culturais e naturais, que poderão ser disponibilizados para os projetos arquitetônico, urbanístico e paisagístico do município, assim como auxiliar na elaboração da política de preservação, que em última instância leva ao tombamento dos bens reconhecidamente de interesse da comunidade.

Na cidade de São Paulo, o DPH*, órgão competente e responsável pela preservação do patrimônio histórico do município, criou em 1983 o Inventário Geral do Patrimônio Ambiental e Cultural Urbano de São Paulo (IGEPAC-SP), contando com a participação de seções do DPH, como: Seção Técnica de Crítica e Tombamento e a Seção Técnica de Levantamento e Pesquisa.

O IGEPAC-SP tem como objetivo identificar o patrimônio cultural e ambiental urbano da cidade de interesse para a comunidade. Esta tarefa é relativamente difícil numa cidade que cresce de maneira desenfreada, demolindo e escondendo o seu patrimônio. No centro de São Paulo, é possível observar que muitos bens imóveis acabam por passar despercebidos, por estarem encobertos por painéis ou alterados/mutilados por modificações feitas sem critério, comprometendo o patrimônio e a memória histórica da cidade.

Esta ação visa constituir um acervo documental sólido que forneça instrumentos e embasamentos adequados à política de preservação do município, que poderá propor a preservação e valorização desse patrimônio nos projetos e planos diretores que a prefeitura venha a realizar nos âmbitos arquitetônico, urbanístico e paisagístico. Desta forma, pode-se garantir o crescimento urbano da cidade, de forma tal que a memória cultural e ambiental seja preservada, sendo acompanhada de uma política de educação patrimonial.

## INVENTÁRIO MUSEOLÓGICO

Todos os museus devem ter uma relação dos objetos que constituem o acervo da instituição registrada num Livro de Inventário Geral do museu, que pode ser designado também Livro de Tombo ou Livro de Registro.

O Inventário museológico tem por objetivo identificar, de forma individualizada, cada uma das peças dentro das coleções que compõem o acervo do museu. Para realizar este inventário existem normas e conceitos internacionalmente aceitos e adotados que podem ser acrescidos e modificados em função da especificidade do acervo que o museu possua e de país para país.

A maioria dos museus possui fichas de inventário normalizadas, que servem como base de dados sobre os objetos que constituem o acervo. Estas fichas fornecem a identificação completa do objeto como: proveniência, os usos e o percurso que a peça realizou até ser incorporada ao acervo; exposições em que foram apresentadas etc.

As fichas devem conter, a título de exemplo, os seguintes campos a serem preenchidos:

— a identificação de propriedade da peça (instituição pública/privada ou particular);
— a classificação por categorias, dentro dos grandes agrupamentos de peças, definidos a partir da técnica (ex: pintura a óleo), da matéria de base (ex: madeira, argila) ou da sua funcionalidade (ex: utensílio doméstico, instrumento musical). É possível a existência de subcategorias, dependo do tipo de objeto e das informações indispensáveis para a classificação;

INVENTÁRIO MUSEOLÓGICO

- a identificação, a partir da denominação que deve levar em consideração a função do objeto; o título que classifica a peça na categoria de pintura, fotografia, desenho. O título também inclui a denominação original, atribuída pelo autor, bem como o nome pelo qual a peça tem sido conhecida ao longo dos tempos;
- o número de identificação no inventário. As peças são marcadas, em zonas acessíveis e estáveis, de maneira que não interfira na sua leitura formal e estética. Este número deverá constar também da embalagem, caso esta exista;
- a descrição da peça que deverá seguir os critérios da bibliografia especializada de História da Arte. Essa descrição deve seguir alguns princípios: partir do geral para o particular; identificar tema/assunto representado; descrever primeiro a forma/estrutura e depois os elementos decorativos; descrever forma ou composição, entre outros aspectos.
- a autoria da peça ou de quem interferiu no seu processo de fabrico, como: ateliês, oficinas etc., devendo constar o local de fabrico.
- a datação, época ou período cronológico em que a peça foi produzida;
- as informações técnicas sobre os materiais e técnicas referentes à peça;
- as dimensões do objeto. A unidade de medição dos objetos, internacionalmente adotada, é o centímetro, podendo ser utilizadas outras unidades, dependendo do tamanho real da peça. Além das dimensões (altura, largura, comprimento, diâmetro, profundidade, espessura), podem ser considerados ainda: peso, capacidade volumétrica, número (de vestuário) e outras dimensões específicas do objeto;
- a conservação da peça, registrando o estado e a integridade dos materiais que a constituem;
- a proveniência da peça, devendo neste tópico constar um histórico sobre ela que contemple a função e a forma e como estas foram utilizadas;
- a forma como o objeto foi incorporado ao acervo (achado, aquisição, doação etc.) e detalhes deste processo incluindo a data da incorporação;
- a localização da peça dentro da instituição, até a peça que se encontra em exposição e em que local;

- a imagem do objeto, que pode ser fotografia, desenho, esboço, que caracterizem de forma plena a peça;
- as exposições da qual a peça participou, mencionadas por ordem cronológica;
- a bibliografia de referência sobre a peça.

## IPHAN

O Instituto do Patrimônio Histórico e Artístico Nacional (IPHAN) foi criado em 13 de janeiro de 1937, durante o governo de Getúlio Vargas. O ministro da Educação e Saúde, responsável pelo IPHAN, solicitou, em 1936, a Mário de Andrade um anteprojeto de Lei que tivesse como objetivo principal salvaguardar os bens culturais brasileiros. Ao mesmo tempo, incumbiu Rodrigo Melo Franco de Andrade de implantar o Serviço do Patrimônio. Contando com o apoio de Manuel Bandeira, Lúcio Costa, Carlos Drummond de Andrade, Afonso Arinos e Mário de Andrade, o intelectual Rodrigo Melo Franco de Andrade agiu no sentido de criar mecanismos para proteger os bens patrimoniais da nação.

A decorrência destas ações levou à promulgação do Decreto-lei nº 25 de 30 de outubro de 1937, que organizou a proteção do patrimônio histórico e artístico nacional, simultaneamente realizou tombamentos, restaurações que garantissem a integridade do acervo arquitetônico e urbanístico brasileiro, do acervo documental e etnográfico e das obras de arte e dos bens móveis.

O Decreto nº 2.807 de 21 de outubro de 1998 aprovou a estrutura regimental do IPHAN, confirmando que sua finalidade é pesquisar, promover, fiscalizar e proteger o patrimônio cultural. É de competência do órgão: *formular e coordenar a execução da política de preservação, promoção e proteção do patrimônio cultural, em consonância com as diretrizes do Ministério da Cultura; formular e promover programas de cooperação técnica e aperfeiçoamento de recursos humanos para conservação e preservação do patrimônio cultural;* desenvolver estudos e pesquisas que contribuam para a conservação e a preservação do patrimônio cultural; promover o inventário e a identificação do patrimônio, *realizando a documentação, o registro, a difusão, a vigilância, o tombamento, a desapropriação, a conservação, a restauração, a devolução, o uso e a revitalização do patrimônio cultural*; exercer o poder para proteger o patrimônio cultural brasileiro, valendo-se das penalidades vigentes.

Atualmente, o IPHAN está ligado ao Ministério da Cultura e realiza trabalho de identificação, proteção, fiscalização, restauração, preservação e revitalização dos bens culturais do país. Sua ação permitiu que mais de dezesseis mil edifícios e cinqüenta centros e conjuntos urbanos fossem catalogados, além disso, cadastrou mais de cinco mil sítios arqueológicos, milhares de objetos, obras bibliográficas, documentação escrita, registros fotográficos, cinematográficos e videográficos. A ação do Instituto do Patrimônio Histórico e Artístico Nacional se desenvolve por intermédio de: superintendências regionais; sub-regionais; unidades museológicas; museus regionais; casas históricas; parques históricos etc.

O IPHAN administra doze museus e unidades especiais no território brasileiro, sendo elas: Cinemateca Brasileira; Museu da Inconfidência; Museu da República; Museu de Biologia Professor Mello Leitão; Museu Histórico Nacional; Museu Imperial; Museu Lasar Segall; Museu Nacional de Belas Artes; Museu Raymundo Ottoni de Castro Maya; Museu Villa-Lobos; Paço Imperial; Sítio Roberto Burle Marx. Além destes, o IPHAN possui os seguintes museus regionais: Museu da Abolição — Recife; Museu da Casa dos Sete Candeeiros — Salvador; Museu Regional da Cachoeira — Cachoeira; Museu Solar Monjardim — Vitória; Museu de Arte de Cabo Frio — Cabo Frio; Museu de Arqueologia de Itaipu — Niterói; Museu Casa Benjamim Constant — Rio de Janeiro; Museu Casa da Hera — Vassouras; Museu de Arte Sacra — Parati; Forte Defensor Perpétuo — Parati; Esquina do Patrimônio — Rio de Janeiro; Museu da Casa Coronel Joaquim Lacerda — Lapa; Museu das Missões — São Miguel das Missões; Museu Regional de São João del Rei — São João del Rei; Museu do Caeté e Casa Setecentista — Caeté; Museu do Diamante e Biblioteca Antônio Torres — Diamantina; Museu das Bandeiras — Goiás; Museu de Arte Sacra da Boa Morte — Goiás.

J

## JARDIM HISTÓRICO

O Conselho Internacional de Monumentos e Sítios (ICOMOS) e o Comitê Internacional de Jardins e Sítios Históricos reuniram-se em Florença em 21 de maio de 1981, com o intuito de elaborar uma carta que garantisse a proteção dos jardins históricos.

A carta foi redigida e registrada em 15 de dezembro de 1982, e definia como monumento o jardim histórico, que é uma *composição arquitetônica e vegetal que, do ponto de vista da história ou da arte, apresenta um interesse público*. O jardim histórico é uma composição de arquitetura cujo principal componente é vegetal, portanto vivo e, como tal, perceptível e renovável, pois é marcado pelo movimento cíclico e dinâmico das estações.

Na composição da arquitetura de um jardim histórico destacam-se os seguintes elementos: o plano e os diferentes perfis do seu terreno; as massas vegetais, considerando suas essências, seus volumes, seu jogo de cor, seus espaçamentos, suas alturas respectivas; seus elementos construídos ou decorativos; as águas correntes ou dormentes, reflexo do céu. Por conseguinte, o conjunto de elementos deve ser preservado para garantir a beleza natural do local e a sua continuidade para as gerações futuras.

Enquanto monumento, o jardim histórico é protegido conforme a Carta de Veneza de 1964, pois ele é a expressão da relação do homem com a natureza, constituindo um testemunho de uma cultura.

L

## LEI DA NATUREZA

A Lei da Natureza, nº 9.605, de 12 de fevereiro de 1998, ou Lei de Crimes Ambientais, é um instrumento que garante a preservação do meio ambiente brasileiro, bem como a agilidade e eficácia na punição aos infratores. Desta forma, toda e qualquer atividade considerada lesiva ao meio ambiente passa a ser punida no âmbito civil, administrativo e criminal.

As leis existentes no país que tratavam da natureza eram esparsas e de difícil aplicação, pois permitiam interpretações imprecisas e não definiam penas adequadas. Com a Lei da Natureza as penas foram uniformizadas e tiveram uma gradação adequada às infrações cometidas, especificando detalhadamente os atos lesivos contra a natureza.

A lei prescreve a responsabilidade da pessoa jurídica e da pessoa física, autora e co-autora da infração, que pode ser acionada criminalmente. A pessoa jurídica pode ter a liquidação forçada, caso venha a ser comprovada a sua atuação no sentido de facultar ou ocultar crime definido pela lei.

A partir do momento que for constatado o dano ambiental, as penas alternativas ou as multas podem ser aplicadas imediatamente. As penas de prisão, que forem de até quatro anos, podem ser transformadas em penas alternativas, ou seja, o sentenciado poderá prestar serviços à comunidade.

A matança de animais continua sendo crime. A lei faz concessões quando o animal abatido for para saciar a fome daquele que cometeu o ato e de sua família. Contudo, os maus-tratos contra animais domésticos e domesticados, bem como aos nativos ou exóticos, são considerados crimes. As experiências de caráter doloroso ou cruéis em animal vivo são consideradas crimes, mesmo que para fins didáticos ou científicos, quando existirem recursos alternativos para este tipo de prática.

Algumas práticas comuns nos grandes centros urbanos passaram a ser consideradas crime, com pena de detenção de até um ano, como pichar e grafitar ou qualquer outra forma de mutilação de edificação ou monumento urbano. Da mesma forma, a destruição ou dano às plantas de ornamentação é considerado crime. A prática de soltura de balões, bem como seu fabrico, venda e transporte, sujeita o infrator à prisão e multa, pois tal ato coloca em risco áreas urbanas e rurais, causando danos irreparáveis à fauna e à flora brasileiras.

O desmatamento ilegal e outros tipos de atos lesivos contra a flora, bem como a compra, a venda, o transporte, o armazenamento de madeira ou carvão são considerados crimes ficando o infrator sujeito a pesadas multas e a detenção. Os produtos e/ou subprodutos da fauna e da flora obtidos de forma indevida podem ser doados ou destruídos.

As multas administrativas podem chegar até cinqüenta milhões de reais. Esta lei entende que a punição é extinta, desde que haja a apresentação de um laudo que comprove a recuperação ambiental.

M

## MONUMENTOS ARQUEOLÓGICOS

Os monumentos arqueológicos ou pré-históricos de quaisquer natureza existentes no território nacional e todos os elementos que neles se encontram ficam sob a guarda e proteção do Poder Público.

Pela lei 3.924 de 26 de julho de 1961, a propriedade da superfície do solo, regida pelo direito comum, não inclui a das jazidas arqueológicas ou pré-históricas. São considerados monumentos arqueológicos ou pré-históricos: *as jazidas de qualquer natureza, origem ou finalidade, que representem testemunhos da cultura dos paleoameríndios do Brasil, tais como sambaquis, montes artificiais ou tesos,* e outras formas com significado idêntico; *os sítios nos quais se encontram vestígios positivos de ocupação pelos paleomeríndios, tais como grutas, lapas e abrigos sob rocha; os sítios identificados como cemitérios, sepulturas ou locais de pouso prolongado ou de aldeamento* nos quais existam vestígios da presença humana de interesse arqueológico ou paleoetnográfico; *as inscrições rupestres ou locais como sulcos de polimentos de utensílios e outros vestígios de atividade de paleoameríndios.*

Por lei é proibido, em todo o território nacional, o aproveitamento econômico, a destruição ou mutilação, para qualquer fim, das jazidas arqueológicas ou pré-históricas, sendo o desrespeito a estas normas considerado crime contra o patrimônio nacional.

Considerando a necessidade de regulamentar os pedidos de permissão e autorização quando se desenvolvem pesquisas de campo e escavações arqueológicas que envolvam bens de interesse para o país, o secretário do Patrimônio Histórico e Artístico Nacional estabeleceu, pela portaria nº 7, de 1º de dezembro de 1988, procedimentos para este tipo de solicitação. As escavações arqueológicas em terras públicas ou particulares só são permitidas pelo governo da União, depois de aprovadas pelo IPHAN. O pedido de permissão deve ser instruído por um requerente, que deve comprovar a sua idoneidade tecnocientífica e financeira, bem como um relatório detalhado acompanhado da indicação exata do local, da sua extensão, da duração dos trabalhos e do responsável por sua realização. Caso o requerente não seja o proprietário do terreno, deverá ser anexada ao processo uma carta do proprietário com o consentimento explícito deste.

As escavações devem ser realizadas de acordo com a permissão, e podem ser inspecionadas pelos órgãos responsáveis, quando for julgado conveniente. A cada trimestre o requerente que obteve a permissão deve apresentar um relatório sobre o andamento das escavações.

Instituições científicas especializadas da União, dos Estados e dos Municípios, mediante autorização federal, poderão proceder às escavações e pesquisas arqueológicas e pré-históricas em terrenos de propriedade particular, com exceção das áreas muradas que envolvam construções domiciliares. Caso a pesquisa não possa ser realizada por falta de acordo amigável com o proprietário, a área poderá ser declarada de utilidade pública e ser autorizada a sua ocupação pelo período necessário. Terminados os estudos, e caso seja possível, o local deverá ser restabelecido à sua feição primitiva. Contudo, se as descobertas arqueológicas forem de grande importância, os órgãos responsáveis poderão solicitar a desapropriação do imóvel.

Em sendo casual a descoberta de vestígios arqueológicos, o responsável pelo achado deverá comunicar ao IPHAN ou aos órgãos oficiais autorizados.

A Oficina de Interpretação e Sinalização de Sítio Arqueológico, realizada em Goiás, entre 17 e 20 de setembro de 1997, definiu critérios básicos para que os sítios arqueológicos e monumentos e/ou centros históricos possam ser inseridos num sistema de visitação controlada que incluem: a criação de padrões de sinalização que informem que o bem é protegido por lei federal; a disponibilidade de informações corretas e concisas sobre o bem cultural, atendendo a uma das premissas da educação patrimonial; o estabelecimento de regras a serem seguidas pelo visitante durante a visita, pois *os sítios arqueológicos, em muitos casos, são vulneráveis quando visitados de forma arbitrária ficando sujeitos a atos de vandalismo. A ação do tempo é também outro fator prejudicial, as formações rochosas sofrem com as variações térmicas, o que pode promover esfoliações na rocha e por decorrência numa inscrição rupestre, além da umidade e presença de fungos que contribuem para a rápida deterioração do sítio.*

Tendo em vista a preservação do sítio arqueológico, devem-se implantar barreiras de proteção física ou psicológica no local para que os visitantes não tenham contato direto com inscrições rupestres.

## MUSEOLOGIA

A museologia é a ciência que trata dos princípios de conservação e apresentação das obras de arte nos museus. A lei 7.287, de 18 de dezembro de 1984, regulamentou a profissão de museólogo no Brasil, sendo necessário para o exercício da profissão de museologia ser bacharel ou licenciando em museologia, ou ser mestre ou doutor na área.

A profissão de museólogo tem como um dos atributos *planejar, organizar, administrar, dirigir e supervisionar os museus, as exposições de caráter educativo e cultural, os serviços educativos e atividades culturais dos museus e de instituições afins*.

Cabe ao profissional de museologia executar todas as atividades referentes ao funcionamento do museu e à divulgação do acervo museológico. No exercício de sua função, o museólogo pode solicitar o tombamento de bens culturais e o seu registro, assim como pode coletá-los, conservá-los, preservá-los e divulgá-los, planejando e executando serviços de identificação, classificação e cadastramento de bens culturais.

O museólogo, enquanto estudioso e pesquisador dos acervos museológicos, zela pela apresentação e exposição de bens culturais, administrando setores técnicos de museologia nas instituições públicas e privadas, sendo capaz de realizar perícias destinadas a apurar o valor histórico, artístico ou científico de bens museológicos, assim como sua autenticidade.

O decreto nº 91.775, de 15 de outubro de 1985, regulamentou a lei acima e autorizou a criação do Conselho Federal e dos Conselhos Regionais de Museologia, como órgãos de registro profissional e de fiscalização do exercício da profissão, entre outras competências, como propugnar para que os museus adotem as técnicas museológicas e museográficas sugeridas pelo Conselho Internacional de Museus — ICOM.

## MUSEU

A palavra museu vem da palavra grega *mouseion*, que significa templo das musas ou local onde elas se reúnem. Na Antigüidade, o termo foi utilizado para referência de uma das alas da Biblioteca de Alexandria, no Egito. Contudo, os povos antigos não nos legaram museus. As peças de guerra reunidas pelos vencedores, seja pelo triunfo da conquista, seja pela raridade intrínseca das peças, parecem ter sido o primeiro motivo para a formação de coleções, prática que pode ser identificada já no período Paleolítico, quando os homens recolhiam conchas e outras peças para os rituais religiosos.

Os gabinetes de raridades foram criados, desde a Antigüidade, por grandes colecionadores, como soberanos e nobres que tinham como objetivo reunir na sua coleção particular objetos e obras de grande valor que fossem memoráveis. Esta era uma das formas pelas quais se poderia confirmar o seu poder, como podemos observar na Roma Antiga, momento em que as pilhagens de guerra formaram as primeiras coleções.

Na Idade Média, as coleções proliferam, levando em consideração a raridade do objeto, acrescido do seu valor religioso. O cristianismo impulsionara as coleções de peças de ouro, prata, marfim e outros materiais, como também de relíquias de santos. Contudo, é somente no século XVI que o termo museu ganha uma utilização mais ampla, quando se organizam as coleções dos Médicis, em Florença, na Itália.

As grandes descobertas, que marcaram o período, colocaram o homem europeu frente a outras culturas e deram motivos a que novas coleções fossem formadas, tendo como marca o exotismo dos povos recém-encontrados e a sua riqueza cultural. O processo de amealhar objetos para os gabinetes particulares permitira a formação dos acervos dos primeiros museus europeus. O século das luzes, com os enciclopedistas e a Revolução Francesa de 1789, transformará as coleções reais, que são confiscadas pelos revolucionários, em um vasto acervo museológico, que passa a ser facultado a todos.

Durante o século XIX, a idéia de museu ficou intimamente ligada à preservação do passado e principalmente dos interesses e da memória das classes dominantes. O desenvolvimento da sociedade e as rápidas transformações advindas do processo de industrialização exigiram que cada vez mais os registros e a documentação dos mais variados bens naturais e culturais passassem a ser exigidos, tendo em vista a necessidade da preservação das tradições e dos valores culturais dos homens.

No decorrer do século XX, a discussão sobre o conceito de museu passou por um processo de longos debates, principalmente após a criação do ICOM,* em 1946. Em 1951, a definição de museu estava ligada ao estabelecimento permanente, administrado em função dos interesses gerais, a fim de conservar, estudar e garantir o acesso dos bens culturais a todo um público, entendendo que os conjuntos de elementos de valor cultural seriam: as coleções de objetos artísticos, históricos e científicos e técnicos, jardins botânicos, aquários e zoológicos, além das bibliotecas públicas e os centros de arquivos. Em 1961, o ICOM reconhece a qualidade de museu a todas as instituições que possuam conjuntos de bens culturais com o fim de conservação, estudo e educação.

Em 14 de junho 1974, o ICOM elaborou um conceito de museu que foi aceito mundialmente, passando por revisões e acréscimos nas décadas de 1980 e 1990. Segundo o Estatuto do ICOM, revisto na vigésima Assembléia Geral, realizada em 6 de julho de 2001, temos o seguinte conceito: *O museu é uma instituição permanente, sem fins lucrativos, a serviço da sociedade e de seu desenvolvimento, aberta ao público que adquire, conserva, pesquisa, expõe e divulga as evidências materiais e os bens representativos do homem e da natureza, com a finalidade de promover o conhecimento, a educação e o lazer.*

A definição de museu deve ser aplicada, sem nenhuma limitação, aos sítios e monumentos naturais, arqueológicos e etnográficos e monumentos históricos que tenham por suas atividades a aquisição, a conservação e a comunicação de testemunhos materiais dos povos e seus hábitats; às instituições que conservam coleções, especificamente de espécies vivas de vegetais e animais, tais como jardins botânicos, zoológicos, aquários; aos centros científicos e aos planetários; às galerias de arte sem fins lucrativos; às reservas naturais, aos institutos de conservação e galerias de exposição ligadas a bibliotecas e centros de arquivo; aos parques naturais; às organizações nacionais, regionais ou locais de museus; às instituições ou organizações sem fins lucrativos que desenvolvam atividades de pesquisa em matéria de conservação, de educação, de formação, de documentação e outras atividades ligadas a museus e a museologia; aos centros culturais e outras instituições que tenham como objetivo ajudar na preservação, continuidade e na gestão do patrimônio material e imaterial. Esta definição básica e de caráter amplo deve orientar toda instituição que tenha como meta ser um museu de propriedade particular ou pública.

As atividades de um museu podem ser muito variadas em função de seu tamanho ou complexidade. Cabe ao museu realizar exposições, cursos, seminários, conferências e outros eventos que atendam às necessidades da sociedade, cumprindo assim o seu papel de prestação de um serviço público.

Nas últimas décadas do século XX, o museu passou por transformações importantes, tendo em vista as inovações tecnológicas e as novas necessidades das sociedades contemporâneas, bem como as dificuldades econômicas para a manutenção de um museu. O museu transforma-se num espaço dinâmico que abriga o acervo museológico, mas também exposições temporárias e itinerantes, livrarias, lojas tornando-se um espaço de cultura e lazer. Esta nova tendência, introduzida pela museologia americana, ganhou campo fértil na Europa e espalhou-se pelo mundo. Os novos espaços criados dentro do museu vieram suprir as deficiências da arrecadação.

Em todo o Brasil existem mais de mil e duzentas instituições museológicas, compreendendo diversos tipos de museus, tais como: nacionais, estaduais, regionais, históricos, artísticos, etnográficos, antropológicos, científicos, tecnológicos, entre outros. O dia Internacional do Museu é comemorado em 18 de maio.

N

## NORMAS DE QUITO

Em 1967 ocorreu a reunião sobre a conservação e utilização de monumentos e lugares de interesse histórico e artístico, conduzida pela Organização dos Estados Americanos — OEA.

O encontro teve como foco a discussão da necessidade de conservação e utilização do patrimônio cultural, entendendo que este representava um valor econômico e por decorrência capaz de constituir um instrumento de progresso. A conjuntura de crise econômica da maioria dos países americanos impedia que a preservação e a conservação do patrimônio se efetivassem de forma adequada. Desta maneira, muitos monumentos nacionais estavam comprometidos pelo processo de deterioração acentuada, por ruínas irremediáveis, ou ainda sujeitos aos atos de vandalismo urbano, não cumprindo a sua função social. Este fato era facilmente constatável, e os organismos internacionais já haviam alertado para a dimensão do problema.

Entendendo que os monumentos de interesse arqueológico, histórico e artístico constituem também recursos econômicos similares às riquezas naturais do país, estes deveriam ser utilizados para promover o desenvolvimento econômico dos países onde estivessem localizados. Tal constatação implica a realização de um planejamento em nível nacional e internacional, que congregue recursos financeiros, técnicos e humanos para providenciar a recuperação e restauração dos bens culturais, tornando-os utilizáveis.

Para tanto, era necessário valorizar o bem histórico ou artístico, o que equivale *a habilitá-lo com as condições objetivas e ambientais que, sem desvirtuar sua natureza, ressaltem suas características e permitam seu ótimo aproveitamento*. Este resgate tornará o bem cultural novamente disponível para a sua função social, valorizando o entorno onde o bem cultural se localizar, atraindo a iniciativa privada para que esta contribua para a recuperação e utilização do patrimônio.

Sem dúvida, o turismo constitui um forte elemento auxiliar na conservação do patrimônio e de locais de interesse turístico. A visitação a estes locais contribui para confirmar o valor e a importância dos bens culturais para a identidade nacional. Por conseguinte, é fundamental o estímulo à atividade turística como forma de salvaguardar o patrimônio, prática que vinha sendo empreendida na Europa com grande êxito, principalmente por causa dos benefícios econômicos. Deve-se salientar que: *a) a afluência turística determinada pela revalorização adequada de um monumento assegura a rápida recuperação do capital investido nesse fim; b) a atividade turística que se origina da adequada apresentação de um monumento e que, abandonada, determinaria sua extinção, traz consigo uma profunda transformação econômica da região em que esse monumento se acha inserido.*

Para que projetos deste tipo e porte fossem consolidados, o documento confirmava a importância do interesse social e da ação cívica.

A carência de uma formação cívica pode constituir uma barreira que deve ser trabalhada para que o bem cultural público seja visto como um elemento importante para a comunidade, a qual tem por meta zelar pela sua preservação. A conscientização da população e a educação patrimonial são passos que devem ser conduzidos em conjunto com a restauração e a utilização do patrimônio.

Caberia, então, aos Estados-membros a iniciativa e a condução de planos gerais para o desenvolvimento dos projetos de valorização patrimonial, pois faziam parte do desenvolvimento nacional. Os governos deveriam dar condições para que tais ações se consolidassem e, para tanto, deveriam: reconhecer a prioridade dos projetos de valorização; criar bases legais para facilitar os projetos; dirigir e coordenar as atividades por meio de órgão competente em todas as fases; designar equipe técnica em condições de assessorar na elaboração dos projetos.

As recomendações da reunião apontavam intercâmbio e cooperação interamericana, com apoio de instituições de cultura hispânica e portuguesa, tendo em vista o grande patrimônio do período colonial. Previa a necessidade de os países criarem uma legislação de proteção, contemplando as seguintes situações: a) *zona de proteção rigorosa, que corresponderá à de maior densidade monumental ou de ambiente; b) zona de proteção ou respeito, com maior tolerância; c) zona de proteção da paisagem urbana, a fim de procurar integrá-la com a natureza circundante.*

O

## OCPM

A Organização das Cidades do Patrimônio Mundial (OCPM) foi fundada em 8 de setembro de 1993, em Fez, no Marrocos.

Após a Conferência Geral da UNESCO de 16 de novembro de 1972, foi adotada a *Convenção sobre a Proteção do Patrimônio Mundial Cultural e Natural*, a qual inclui a cada ano na Lista do Patrimônio Mundial sítios culturais e naturais de grande valor para a humanidade, depois de um processo detalhado de análise dos locais.

Em 1991 realizou-se o *Primeiro Colóquio Internacional das Cidades do Patrimônio Mundial*, no Canadá, reunindo delegados que representavam mais de quarenta cidades incluídas na Lista do Patrimônio. O produto deste encontro foi a adoção da Declaração de Quebec, a qual manifestava o desejo de constituição de uma rede de cidades do patrimônio mundial, tema que seria discutido no segundo Colóquio.

Este segundo evento ocorreu em 1993 e reuniu delegados que representavam cinqüenta e seis cidades, os quais determinaram pela fundação da OCPM. A ação da OCPM tem por objetivo contribuir para a implantação da Convenção do Patrimônio Mundial. Sua tarefa, entre outras, é a formação de gestores capazes de conduzir ações de valorização e de conservação dos conjuntos históricos. Desta forma, este órgão organiza colóquios e seminários que contemplem a valorização e conservação, atuando também junto às Nações Unidas, ao Banco Mundial e a outras instituições sobre a importância da proteção das cidades históricas.

O terceiro colóquio realizouse em 1995, na Noruega, tendo como tema central de discussão a comunicação entre as Cidades do Patrimônio Mundial, visando criar um vínculo maior entre elas, em especial no que tange à troca de experiências e soluções para valorização e preservação. Em 1997 aconteceu em Portugal o quarto Colóquio, tendo como foco dos debates a atividade turística e as cidades históricas. Neste encontro, esteve presente a Organização Mundial de Turismo, sendo um dos pontos abordados a importância do Turismo para garantir a continuidade da preservação e valorização do patrimônio.

No quinto colóquio, realizado na Espanha em 1999, foram discutidos temas correlatos à inovação da gestão das cidades do patrimônio mundial, que pressupõe o envolvimento dos jovens da cidades históricas.

Em outubro de 2001, foi realizado o sexto colóquio do OCPM, no México, tendo como tema *Medidas de prevenção e proteção para as cidades do patrimônio mundial em caso de desastre.* Este tema era recorrente, uma vez os atentados cometidos contra os EUA em 11 de setembro do mesmo ano.

Até a última reunião de dezembro de 2001, cento e oitenta e sete cidades têm em seu território um sítio inscrito pela UNESCO na Lista do Patrimônio Mundial. A distribuição das cidades pelos continentes é a seguinte: cento e uma na Europa, trinta e cinco na América, trinta e cinco na Ásia e vinte e uma na África.

P

## PARQUE NACIONAL

O Parque Nacional é uma porção do território nacional, de posse e domínio público, e tem como objetivo a preservação de ecossistemas naturais de grande relevância ecológica e beleza cênica. Os Parques Nacionais estão sob jurisdição do Governo Federal que é o responsável pela sua preservação. As unidades dessa categoria, quando criadas pelo estado ou município, são denominadas, respectivamente, Parque Estadual e Parque Natural Municipal. A visitação pública aos parques está sujeita às normas e restrições estabelecidas pelo Plano de Manejo. As pesquisas científicas dependem de autorização prévia, sendo possível o desenvolvimento de atividades de educação e interpretação ambiental, de recreação em contato com a natureza, assim como de turismo ecológico, ou ecoturismo. Dentro dos limites do parque, ficam garantidas a integridade e manutenção da fauna, flora, geomorfologia, paisagem, água e outros recursos neles inseridos.

O Ministério da Indústria, Comércio e Turismo e o Ministério do Meio Ambiente, dos Recursos Hídricos e da Amazônia estabeleceram as Diretrizes para uma Política Nacional de Ecoturismo, definindo-o, no âmbito nacional, como: *Um segmento da atividade turística que utiliza, de forma sustentável, o patrimônio natural e cultural, incentiva sua conservação e busca a formação de uma consciência ambientalista através da interpretação do ambiente, promovendo o bem-estar das populações envolvidas*. O estudo define ainda os seguintes objetivos do ecoturismo: aumento da receita gerada nas diversas áreas conservadas; fomento à visita ordenada; preservação dos recursos naturais da flora e da fauna, das paisagens cênicas locais; e a utilização racional do patrimônio natural.

O ecoturismo é compreendido, então, como uma forma de turismo em que os elementos naturais e culturais constituem o elemento fundamental da atenção do visitante, capaz de promover o desenvolvimento sustentável, e sua conseqüente conservação.

O IBAMA tem propostas de abertura dos Parques Nacionais ao ecoturismo. O Programa de Uso Público e Ecoturismo em Parques Nacionais tem como objetivo atrair investimentos para adequar a infra-estrutura dos parques à visitação pública. O ecoturismo é uma atividade importante, pois, além de gerar empregos, pode favorecer a conscientização e a informação sobre a necessidade de preservar os ecossistemas naturais das áreas de conservação.

O programa visa conciliar o aproveitamento do patrimônio natural e cultural dos parques com as formas de lazer da sociedade moderna que tenham como cenário a natureza. A demanda cada vez maior de contato do homem com a natureza exige que sejam criadas condições de infra-estrutura básica para atendimento dos visitantes, aproveitando de forma planejada o potencial turístico. Por conseguinte, os investimentos de capital privado são de suma importância para a implantação deste programa.

Alguns dos Parques Nacionais brasileiros são: Parque Nacional Marinho dos Abrolhos (Bahia); Parque Nacional dos Aparados da Serra (Rio Grande do Sul); Parque Nacional do Araguaia (Tocantins); Parque Nacional de Brasília (Brasília); Parque Nacional de Caparaó (Minas Gerais); Parque Nacional do Itatiaia (Rio de Janeiro); Parque Nacional do Jaú (Amazonas); Parque Nacional da Lagoa do Peixe (Rio Grande do Sul); Parque Nacional Marinho de Fernando de Noronha (Pernambuco); Parque Nacional de

Monte Pascoal (Bahia); Parque Nacional da Serra dos Órgãos (Rio de Janeiro); Parque Nacional de Sete Cidades (Piauí); Parque Nacional da Tijuca (Rio de Janeiro); Parque Nacional de Ubajara (Ceará); Parque Nacional do Iguaçu (Paraná); Parque Nacional da Serra da Capivara (Piauí); Parque Nacional das Emas e Parque Nacional da Chapada dos Veadeiros (Goiás).

## PATRIMÔNIO

O termo patrimônio refere-se a um bem ou ao conjunto de bens culturais (materiais e imateriais) e naturais que tenham valor reconhecido para uma cidade, região, estado, país ou humanidade, sendo propriedade de todos os cidadãos. A preservação de um patrimônio permite que o coletivo usufrua do legado recebido do passado, ao mesmo tempo em que possibilita que ele seja transmitido às gerações futuras.

Pode ser considerado patrimônio cultural e natural o conjunto dos elementos arquitetônicos, urbanísticos, arqueológicos, paleontológicos, ambientais, ecológicos e científicos que identifiquem e referenciem a identidade social de um grupo e de um meio geográfico específico.

O patrimônio cultural, enquanto soma dos bens culturais, constitui uma referência fundamental para a identidade de um povo; e a comunidade deve reconhecer e valorizar as tradições, os costumes, as experiências e o saber fazer dos seus antecessores, os quais fazem parte do seu legado histórico. Desta forma, defender e estimular a sua preservação nada mais é do que buscar garantir a sua própria continuidade.

Nos últimos anos, a importância da proteção do patrimônio imaterial tem tomado grande vulto, uma vez que cada povo possui e precisa afirmar a sua identidade a fim de garantir que a humanidade mantenha a sua diversidade cultural. A UNESCO*, desde 1995, tem solicitado aos Estados-membros da organização que procurem preservar o patrimônio imaterial a fim de garantir a difusão da cultura popular e a preservação deste tipo de patrimônio, que é um dos mais vulneráveis.

Em 1999, a entidade aconselhava o estabelecimento da identificação e da conservação do patrimônio imaterial, uma vez que as manifestações das culturas tradicionais e populares exigem uma sensibilização, tanto do criador como do público. Por conseguinte, deveria ser garantida a sua preservação e continuidade na sociedade, por meio da transmissão adequada destas tradições, bem como da sua identidade, protegendo também o conjunto de informações e o material recolhido.

Os limites do patrimônio material e imaterial são tênues e confusos (ver Bens Culturais e Naturais* e Bens Imateriais*). É difícil separar aquilo que o homem cria ou constrói do processo de saber-fazer esta criação ou construção. O patrimônio é um todo complexo e rico, fruto da riqueza da humanidade. A definição sobre o que seja patrimônio imaterial tem causado polêmicas e discussões das mais variadas. Contudo, de forma genérica, pode ser definido como o conjunto de manifestações culturais, tradicionais e populares, fruto das criações coletivas, oriundas de uma comunidade e fundadas sobre a tradição. Estas manifestações são transmitidas oralmente e são modificadas através do tempo por um processo de recriação contínuo e coletivo, uma vez que a filosofia, os valores, a ética e o modo de pensar, transmitido pelas tradições orais, bem como os costumes, as línguas, a música, a dança, as festividades a medicina popular, constituem o fundamento da vida comunitária.

A importância da preservação do patrimônio imaterial consiste em garantir às minorias e às populações autóctones a preservação da sua identidade cultural, tendo em vista a natureza efêmera do patrimônio imaterial. Uma das formas de garantir a preservação deste patrimônio e fazer que os indivíduos e as comunidades se unam no sentido de preservar a sua identidade em associações ou outros tipos de organização.

## POLÍTICAS CULTURAIS

Em 1982, realizou-se no México a Conferência Mundial sobre as Políticas Culturais do ICOMOS*. Os avanços tecnológicos e as transformações da sociedade exigiam providências no sentido de consolidar uma educação e cultura voltadas para a preservação do patrimônio, norteadas pela paz e pela relação de segurança entre as nações. O documento partia do pressuposto que a liberdade do homem e dos povos era de fundamental importância, e que os povos deveriam dirigir suas ações para uma compreensão mais estreita e harmônica entre si.

Essa conferência entendia que *a cultura pode ser considerada atualmente como o conjun-*

*to dos traços distintivos espirituais, materiais, intelectuais e afetivos que caracterizam uma sociedade e um grupo social. Ela engloba, além das artes e das letras, os modos de vida, os direitos fundamentais do ser humano, os sistemas de valores, as tradições e as crenças.* A cultura é que possibilitava ao homem refletir sobre si mesmo e sobre o outro, compreendendo os valores que cada sociedade expressava e reconhecia como significativo para a sua existência. Considerando estes aspectos, a reunião definiu princípios que deveriam reger as políticas culturais das nações.

Cada cultura possui uma identidade cultural formada pelo conjunto dos valores e tradições dos povos, que constituem a sua maneira mais acabada de estar presente no mundo. A identidade cultural pressupõe a liberdade dos povos, sendo a sua maior riqueza, porque é dinâmica e passa continuamente por um processo de criação. Por decorrência, todas as culturas fazem parte do patrimônio comum da humanidade, e o contato e a interação entre elas enriquecem suas tradições e seus valores, pois favorecem o ato de comunhão dos valores universais que unem os povos.

A cultura é o meio pelo qual os povos dialogam, fazendo o *intercâmbio de idéias e experiências, apreciação de outros valores e tradições; no isolamento, esgota-se e morre.* Tal situação implica que as diferentes identidades culturais devem coexistir e ser preservadas por meio de políticas culturais, as quais devem estabelecer o respeito mútuo e os direitos de cada povo e comunidade cultural.

Segundo o documento, o desenvolvimento de uma nação não pode ser pensado apenas em termos quantitativos, do lucro ou do consumo. Faz-se necessário alcançar o desenvolvimento dos valores espirituais e culturais dos homens, pois o *desenvolvimento supõe a capacidade de cada indivíduo e de cada povo de informar-se e aprender a comunicar suas experiências. Proporcionar a todos os homens a oportunidade de realizar um melhor destino supõe ajustar permanentemente o ritmo do desenvolvimento.* Por conseguinte, a política cultural de uma nação deve resgatar o desenvolvimento humano que garantirá o crescimento da nação e a continuidade da sua identidade cultural.

A cultura, como direito do homem, deve ser garantida pelo Estado, que tem como função facilitar o acesso aos bens culturais de forma democrática para que estes possam ser difundidos pela sociedade, permitindo que o cidadão desfrute das manifestações e representações artísticas das mais diversas comunidades. O povo tem o direito e o dever de defender e preservar o patrimônio cultural, como forma de valorizar a sua própria memória histórica e afirmar a sua identidade cultural.

A liberdade de criação artística e intelectual é essencial para garantir a liberdade de expressão, uma vez que a educação integral tem como meta informar e transmitir, mas, sobretudo, permitir *aos educandos tomar consciência da realidade do seu tempo e do seu meio, que favoreça o florescimento da personalidade, que forme na autodisciplina, no respeito aos demais e na solidariedade sócia e internacional; uma educação que capacite para a organização e para a produtividade, para a produção de bens e serviços realmente necessários, que inspire a renovação e estimule a criatividade.*

As novas tecnologias disponíveis favorecem o processo de circulação cultural e de transmissão de conteúdos educativos, científicos e tecnológicos, bem como culturais, conduzindo a um diálogo mais estreito entre os povos. É salutar que a cooperação internacional seja efetiva como uma formação de demonstração de compreensão cultural entre as nações, desestimulando o armamento e estimulando a preservação da cultura humana.

S

## SEGURANÇA NOS MUSEUS

Os cuidados com o patrimônio cultural de um museu devem incluir a segurança das instalações onde são apresentadas e guardadas as peças.

A segurança é um dos principais pontos a ser considerados na estrutura de um museu, devido às práticas ilícitas de roubo e aos atos de vandalismo que o acervo museológico pode sofrer.

O roubo é uma ameaça constante e imprevisível. A melhor forma de agir é utilizar formas preventivas. O acervo exposto deve ser devidamente fotografado, pois com a posse das fotografias é mais fácil e rápida a comunicação da divulgação do roubo. É conveniente que o museu tenha uma estrutura física na sua arquitetura que permita um controle de todas as áreas, vedando aos visitantes o acesso às dependências reservadas como armazéns, oficinas etc. O controle das áreas de visitação pode ser feito por meio de equipamentos de detecção que possam acusar a aproximação humana de um objeto. O monitoramento pode ser feito ainda por sistema de rede interna, com câmeras e televisores que vigiem as principais salas ou áreas. Apesar dos equipamentos técnicos auxiliarem no controle, a vigilância humana é insubstituível não só contra roubos, mas também contra atos de vandalismo. Porém, estas não são as únicas ameaças que um acervo pode sofrer.

A segurança contra incêndio deve ser alvo de estudos detalhados e constituir parte do processo de conservação preventiva. Um incêndio pode pôr em risco todo um conjunto de peças e torná-las irrecuperáveis, por vezes num espaço curto de tempo. A vigilância e o controle são necessários, não eliminando os riscos. As práticas museológicas aconselham uma série de procedimentos que reduzem o risco, tais como: manter os locais limpos e isentos de materiais combustíveis; vigiar os locais de armazenamento de substâncias inflamáveis; fazer cumprir as determinações de proibido fumar; não utilizar equipamentos que possam propagar fogo; desligar os aparelhos elétricos, quando não há vigilância; treinar todo o pessoal do museu.

Deve-se incluir nos cuidados acima a manutenção e o controle das instalações elétricas de forma irregular, seja nas exposições permanentes, seja nas temporárias; estas situações podem ser evitadas desde que haja um plano de auditoria de segurança.

Nos museus mais bem equipados existem detectores automáticos que auxiliam na identificação do incêndio, os quais podem acionar os dispositivos de extinção. Todavia, é conveniente lembrar que o preparo do pessoal envolvido e os meios de extinção é que possibilitam uma eficácia nas situações de emergência. Outro ponto importante é que os sistemas de extinção, como os sprinklers, funcionam com água e podem comprometer as peças.

T

## TOMBAMENTO

A palavra tombar significa, no contexto do patrimônio, registrar num livro, designado Livro de Tombo, os objetos, os monumentos, os documentos, as construções, as manifestações culturais, os lugares etc., identificados como os que representam de maneira mais clara a identidade cultural brasileira. Devem ser preservados para que as gerações contemplem o patrimônio legado pelos seus ancestrais.

Os bens tombados não podem ser destruídos, modificados ou descaracterizados, sem a aprovação prévia do órgão federal, estadual ou municipal responsável.

O tombamento é um ato do Estado, por meio dos seus órgãos públicos competentes, que visa colocar sob sua guarda bens culturais, para os conservar e preservar, segundo a aplicação de leis específicas, evitando sua destruição e descaracterização. Cabe ao poder executivo realizar o ato administrativo de tombamento, conforme o Decreto-lei nº 25/37*. O tombamento protege bens móveis e imóveis de valor histórico, artístico, arqueológico, cultural, arquitetônico, ambiental, bibliográfico, fotográfico que sejam do interesse público ou garantam a continuidade da memória coletiva.

No Brasil, o tombamento é um ato que reconhece o valor cultural de um bem e estabelece limites aos direitos individuais, com o objetivo de salvaguardar os bens culturais de interesse para a sociedade, podendo ser realizado: pelo Governo Federal, por intermédio do Instituto do Patrimônio Histórico e Artístico Nacional (IPHAN)*; pelos Governos Estaduais e Municipais, por meio dos órgãos públicos de cada estado ou município, responsáveis pelos bens culturais, os quais devem possuir leis específicas ou seguirem a legislação federal.

O tombamento pode ser solicitado aos órgãos públicos competentes pela preservação por qualquer cidadão ou pessoa jurídica, mediante a instauração de um processo. Este é definido por um conjunto de documentos que constituirá a base da fundamentação teórica que justifica o tombamento. Para tanto ele deve seguir a metodologia básica do bem cultural a ser protegido, constando no seu corpo informações necessárias à identificação, à localização e à importância ou função social do bem a ser tombado no contexto em que está inserido.

Após a solicitação de abertura do processo ao poder executivo, inicia-se a avaliação técnica investigatória, que será posteriormente analisada pelos especialistas dos órgãos responsáveis pela conservação, sendo o proprietário do bem cultural notificado sobre a abertura do processo. Em sendo o parecer favorável à proteção do bem, o proprietário do imóvel será comunicado por notificação sobre a decisão. A partir deste momento, o bem se encontra protegido legalmente, ou seja, efetua-se o tombamento provisório, o que impede destruições ou descaracterizações, até que o processo seja finalizado.

A lei prevê que o proprietário possa se manifestar quanto à decisão, seguindo os trâmites legais, podendo impugnar o tombamento, devendo, por conseguinte justificar a sua discordância perante o órgão de governo competente, o qual poderá apresentar as contra-razões para confirmar o tombamento do bem. Tal situação pode fazer que o processo se estenda por alguns anos, variando de caso para caso e de estado para estado brasileiro.

Caso não ocorra a impugnação, o processo é enviado pelo órgão responsável para a Secretaria de Estado competente para que esta faça a homologação e a publicação no Diário Oficial do Estado.

O tombamento é o primeiro ato de um processo para a preservação de bens culturais que impede legalmente a sua destruição; o bem tomado deve ser inscrito no registro de imóveis e nos Livros de Tombo.

Deve-se salientar que o tombamento de imóveis não interfere na propriedade de um bem que continua a pertencer ao seu proprietário. Por conseguinte, o imóvel pode ser vendido ou alugado pelo proprietário, que deve comunicar previamente ao órgão público que realizou o tombamento, a fim de verificar a possibilidade de compra do bem. A mudança de proprietário de um bem tombado deve ser comunicada ao órgão de proteção para a alteração dos registros.

O imóvel tombado pode ter o seu uso alterado ou reformado, desde que sejam preservadas as características fundamentais dos edifícios e se façam as adequações necessárias, conforme orientação e aprovação dos técnicos e órgãos responsáveis pelo tombamento. Toda e qualquer intervenção deve ser analisada e autorizada pelo órgão de patrimônio responsável pelo tombamento. Desta forma, muitos imóveis históricos são utilizados como restaurantes, lojas, hotéis e espaços de eventos, os quais são preservados e se transformam em atrativo histórico e turístico.

Os proprietários de bens tombados gozam de abatimentos no Imposto de Renda de Pessoa Física, para realizarem obras de restauração e de preservação em bens tombados pelo IPHAN. Cada estado ou município possui leis específicas de incentivo fiscal; em alguns municípios existe abatimento ou isenção do Imposto Predial e Territorial Urbano.

Em alguns casos, as regiões circunvizinhas de um imóvel tombado também podem ser protegidas, visando à preservação do conjunto paisagístico, a fim de evitar que novas construções venham a obstruir ou a reduzir a visibilidade do bem tombado. Compete aos órgãos responsáveis pelo tombamento definirem os limites do tombamento e do seu entorno, estabelecendo as restrições específicas no próprio processo de tombamento. Por lei, o tombamento gera uma área envoltória com trezentos metros de raio a partir do bem tombado. Nesta área não é permitido nenhum tipo de intervenção, sem que antes o projeto seja submetido à aprovação prévia do órgão responsável. Tal determinação visa preservar a ambiência dos bens tombados.

U

## UNESCO

A Conferência de Londres, de 16 de novembro de 1945, criou, por meio de convenção assinada por trinta e sete países, a Organização das Nações Unidas para a Educação, a Ciência e a Cultura (UNESCO). O seu funcionamento se deu a partir de 4 de novembro de 1946, em vinte dos países signatários: Reino Unido, Nova Zelândia, Arábia Saudita, África do Sul, Austrália, Índia, México, França, República Dominicana, Turquia, Egito, Noruega, Canadá, China, Dinamarca, Estados Unidos, Checoslováquia, Brasil, Líbano e Grécia.

Os governos desses países entendiam que a paz era advinda do espírito dos homens. Contudo, a paz fundada em acordos econômicos e políticos dos governos não era suficiente para manter uma unidade durável e sincera entre os povos, *por conseqüência, esta paz deveria ser estabelecida sobre o fundamento da solidariedade intelectual e moral da humanidade.* Desta forma, os países signatários resolvem assegurar a *todos o pleno e igual acesso à educação, à livre pesquisa da verdade objetiva e à livre troca de idéias e de conhecimentos.*

O objetivo principal da UNESCO é contribuir para a manutenção da paz e da segurança mundial por meio da educação, da ciência, da cultura e da comunicação e colaboração entre as nações. Pretende assegurar uma convivência harmoniosa entre as nações, baseada na justiça, na lei, nos direitos e liberdades dos homens, sem distinção de religião, de raça, de sexo e de língua.

Para cumprir esta missão, a UNESCO entende que a sua atuação deve: estimular o desenvolvimento da educação, da ciência, da cultura e da comunicação para as gerações vindouras; favorecer o avanço e o compartilhar do conhecimento, da pesquisa, do ensino e da formação dos indivíduos e favorecer a sua divulgação por diferentes meios de informação; elaborar, revisar e recomendar a aplicação de leis internacionais que atendam ao desenvolvimento da ciência, educação e cultura; favorecer, por intermédio dos seus projetos, a cooperação técnica pelos Estados-membros da UNESCO.

A UNESCO é composta de três grandes instâncias. A primeira é a da Conferência Geral, o órgão diretor principal, que se reúne a cada dois anos para definir a política da organização e aprovar os programas e orçamentos dos projetos. A segunda é a do Conselho Executivo, representado por cinqüenta e oito Estados-membros, que se reúne duas vezes por ano e atua como conselho administrativo que zela pela execução das decisões da Conferência e pelo preparo de seus trabalhos. Por último, o Secretariado, que responde ao diretor-geral, que é eleito por um período de seis anos na Conferência Geral, sendo encarregado de acompanhar o engajamento dos Estados-membros. Além disso, a UNESCO possui comissões nacionais em cada um dos países membros e desenvolve o papel de conselheira para estes governos, no que diz respeito à educação, à cultura, à ciência e à comunicação.

Desde 1946, foram criados mais de cem comitês consultivos ou comissões internacionais e conselhos intergovernamentais encarregados da gestão de programas de grande envergadura como: Comissão Internacional por uma História do Desenvolvimento Científico e Cultura da Humanidade; Comissão Oceanográfica Intergovernamental; Comissão Internacional do Estudo de Problemas da Comunicação; Comissão sobre a Educação no Século XXI; Comissão Mundial sobre a Ética do

Conhecimento Científico e Tecnológico, entre outras.

Atualmente, a UNESCO estabelece ligações e contatos com mais de cento e trinta organizações intergovernamentais (OIG), e com mais de trezentas e quarenta organizações não-governamentais (ONG).

## UNIDADES DE CONSERVAÇÃO DA NATUREZA

Em 18 de julho de 2000, foi decretada a lei nº 9.985, que institui o Sistema Nacional de Unidades de Conservação da Natureza definindo os critérios para a criação, implantação e gestão de conservação.

A lei estabelece referenciais teóricos importantes, ressaltando que unidade de conservação é: *espaço territorial e seus recursos ambientais, incluindo as águas jurisdicionais, com características naturais relevantes, legalmente instituído pelo Poder Público, com objetivos de conservação e limites definidos, sob regime especial de administração, ao qual se aplicam garantias adequadas de proteção.* No que tange ao conceito de conservação da natureza, define que esta deve ser entendida como *o manejo do uso humano da natureza, compreendendo a preservação, a manutenção, a utilização sustentável, a restauração e a recuperação do ambiente natural, para que possa produzir o maior benefício, em bases sustentáveis, às atuais gerações, mantendo seu potencial de satisfazer as necessidades e aspirações das gerações futuras, e garantindo a sobrevivência dos seres vivos em geral.*

O Sistema Nacional de Unidades de Conservação da Natureza (SNUC) é formado pelo conjunto das unidades de conservação federais, estaduais e municipais, sendo os seus principais objetivos: contribuir para a manutenção, preservação e restauração da diversidade biológica no território nacional e nas águas jurisdicionais; proteger as espécies ameaçadas de extinção e as paisagens naturais; promover o desenvolvimento sustentável a partir dos recursos naturais; proteger e recuperar recursos hídricos; restaurar ecossistemas degradados; incentivar as atividades de pesquisa e monitoramento ambiental; promover a educação ambiental, a recreação em contato com a natureza e o turismo ecológico; proteger os recursos naturais necessários à subsistência de populações tradicionais, valorizando seu conhecimento e sua cultura e promovendo-as social e economicamente.

As unidades de conservação devem representar amostras significativas da diversidade do patrimônio ecológico brasileiro, assegurando o envolvimento da sociedade na política de conversação da natureza, bem como a participação efetiva das populações locais na criação, implantação e gestão das unidades de conservação de forma que se possa garantir a sustentabilidade econômica destas. Para garantir a gestão das unidades de conservação, deve-se buscar o apoio e a cooperação de organizações não-governamentais (ONG) e de organizações privadas, entre outras, para o desenvolvimento de estudos, pesquisas científicas, práticas de educação ambiental, atividades de lazer e de turismo ecológico, monitoramento, manutenção e outras atividades de gestão das unidades de conservação.

As unidades de conservação que compõem o SNUC dividem-se em dois grupos: as Unidades de Proteção Integral e as Unidades de Uso Sustentável.

As Unidades de Proteção Integral, cujo objetivo é preservar a natureza, sendo admitido apenas o uso indireto dos seus recursos naturais, são compostas pelas seguintes categorias de unidade de conservação: Estação Ecológica, Reserva Biológica, Parque Nacional, Monumento Natural, Refúgio de Vida Silvestre.

As Unidades de Uso Sustentável, cujo objetivo é compatibilizar a conservação da natureza com o uso sustentável de parcela dos seus recursos naturais, são compostas pelas seguintes unidades de conservação: Área de Proteção Ambiental, Área de Relevante Interesse Ecológico, Floresta Nacional, Reserva Extrativista, Reserva de Fauna, Reserva de Desenvolvimento Sustentável, Reserva Particular do Patrimônio Natural.

A criação de unidades de conservação é feita por ato do Poder Público, após terem-se procedido estudos técnicos e de consulta pública que permitam a identificação e o conhecimento detalhado do local, dos recursos naturais, das áreas ocupadas e da população.

Cada uma das unidades de conservação deve dispor de um Plano de Manejo que abranja a área respectiva à unidade, bem como as zonas do entorno, visando promover sua integração à vida econômica e social das comunidades vizinhas. Os órgãos responsáveis pelas unidades de conservação deverão articular-se com a comunidade científica com o intuito de incentivar as pesquisas sobre a fauna, a flora e a ecologia nestas áreas, desde que não coloque em risco a sobrevivência das espécies que compõem o ecossistema.

## UNIDADES DE PROTEÇÃO INTEGRAL DA NATUREZA

As Unidades de Conservação, como espaço territorial instituído pelo Poder Público, têm como objetivo a preservação, a manutenção, a utilização sustentável, a restauração e a recuperação do ambiente natural. Dentro das unidades de Conservação, encontramos as Unidades de Proteção Integral, que são áreas de manutenção dos ecossistemas livres de alterações causadas por interferência humana, sendo admitido apenas o uso indireto (aquele que não envolve consumo, coleta, dano ou destruição dos recursos naturais) dos seus atributos naturais. Esta unidade é composta pelas seguintes categorias de unidade de conservação: Estação Ecológica, Reserva Biológica, Parque Nacional, Monumento Natural e Refúgio de Vida Silvestre.

A Estação Ecológica é de posse e domínio públicos e tem como objetivo a preservação da natureza e a realização de pesquisas científicas. As visitas às Estações Ecológicas só são permitidas com objetivo educacional e conforme o que dispuser o Plano de Manejo específico (procedimento que visa assegurar a conservação da diversidade biológica e dos ecossistemas). As pesquisas cientificas nestas Estações dependem de aprovação prévia, estando sujeitas às restrições, bem como às alterações dos ecossistemas. Nestes locais só podem ser permitidas alterações dos ecossistemas no caso de: *medidas que visem à restauração de ecossistemas modificados; manejo de espécies com o fim de preservar a diversidade biológica; coleta de componentes dos ecossistemas com finalidades científicas; pesquisas científicas cujo impacto sobre o ambiente seja maior do que aquele causado pela simples observação ou pela coleta controlada de componentes dos ecossistemas, em uma área correspondente a no máximo três por cento da extensão total da unidade e até o limite de um mil e quinhentos hectares.*

## UNIDADES DE PROTEÇÃO INTEGRAL DA NATUREZA

A Reserva Biológica é de posse e domínio públicos e tem como meta a preservação integral dos seres animais e vegetais existentes em seus limites, sem interferência humana direta ou modificações ambientais. As exceções são as medidas de recuperação de ecossistema e ações que visem ao equilíbrio natural, à diversidade biológica (a variabilidade de organismos vivos de todas as origens, compreendendo os ecossistemas terrestres, marinhos e outros) e aos processos ecológicos naturais. As visitas às Reservas Biológicas só são permitidas com objetivo educacional, e as pesquisas científicas dependem de autorização prévia.

O Parque Nacional é de posse e domínio públicos e tem como objetivo a preservação de ecossistemas naturais de grande relevância ecológica e beleza cênica. As unidades desta categoria, quando criadas pelo estado ou município, são denominadas, respectivamente, Parque Estadual e Parque Natural Municipal. A visitação pública aos parques está sujeita às normas e restrições estabelecidas pelo Plano de Manejo. As pesquisas científicas dependem de autorização prévia, sendo possível o desenvolvimento de atividades de educação e interpretação ambiental, de recreação em contato com a natureza, assim como de turismo ecológico.

Os Monumentos Naturais têm como objetivo preservar sítios naturais raros, singulares ou de grande beleza cênica, e podem ser constituídos por áreas particulares, desde que haja a compatibilidade dos objetivos da unidade com os do proprietário da terra. Caso os interesses sejam incompatíveis, a área poderá ser desapropriada. A visitação é possível, sendo regulada pelo Plano de Manejo da Unidade.

O Refúgio de Vida Silvestre constitui ambiente natural, sendo protegido, a fim de que sejam asseguradas as condições para a existência ou reprodução de espécies ou comunidades da flora local e da fauna residente ou migratória. O Refúgio pode ser constituído por áreas particulares, desde que haja a compatibilidade dos objetivos da unidade com os do proprietário da terra. Caso os interesses sejam incompatíveis, a área poderá ser desapropriada. A visitação é possível sendo regulada pelo Plano de Manejo da Unidade.

Os eventuais recursos obtidos pelas unidades de conservação de Proteção Integral, como a cobrança de taxa de visitação e outras rendas provenientes de arrecadação, serviços e atividades da própria unidade são aplicados da seguinte forma: na implementação, manutenção e gestão da própria unidade; na regularização fundiária e na implementação, manutenção e gestão de outras unidades de conservação do Grupo de Proteção Integral.

## UNIDADES DE USO SUSTENTÁVEL DA NATUREZA

As Unidades de Uso Sustentável são unidades de conservação, cujo objetivo é compatibilizar a conservação da natureza com o uso sustentável de parcela dos seus recursos naturais. São compostas pelas seguintes unidades: Área de Proteção Ambiental, Área de Relevante Interesse Ecológico, Floresta Nacional, Reserva Extrativista, Reserva de Fauna, Reserva de Desenvolvimento Sustentável, Reserva Particular do Patrimônio Natural.

A Área de Proteção Ambiental (APA) é uma extensão territorial, delimitada por meio de instrumento legal, cuja utilização fica disciplinada e controlada de forma a garantir o uso racional do solo, limitando ou impedindo a ocupação humana de forma predatória, a fim de garantir a manutenção do ecossistema.

A APA pode ser constituída por áreas públicas e/ou privadas, tendo como meta proteger os recursos naturais e animais, assegurando o equilíbrio das condições ecológicas que permitam o bem-estar das populações que podem ocupar o local. Cada APA possui um plano de gestão, com regulamentos, e um Conselho Consultivo, presidido pelo órgão responsável pela administração que pode envolver órgãos públicos, organizações não-governamentais, e a população residente no local, tendo como meta proteger a diversidade biológica e disciplinar o processo de ocupação assegurando a sustentabilidade do uso dos recursos naturais.

A visitação pública e as pesquisas científicas nessas áreas só podem ser realizadas depois de autorizadas pelo IBAMA*. Nas áreas sob propriedade privada, cabe ao proprietário estabelecer as condições para a visitação pelo público, observadas as exigências legais.

A Área de Relevante Interesse Ecológico é uma área com pouca ou nenhuma ocupação humana, que abrange geralmente uma pequena extensão, marcada por características naturais notáveis ou que abriga exemplares raros da fauna e flora regionais. Esta área tem como meta manter os ecossistemas naturais, bem como regular o seu uso, atendendo aos objetivos de conservação da natureza.

A Floresta Nacional é uma área com cobertura florestal de espécies predominantemente nativas e de posse e domínios públicos. O objetivo básico da Floresta Nacional é o uso múltiplo de forma sustentável dos recursos florestais e a pesquisa científica. A unidade desta categoria, quando for criada pelo estado ou município, será denominada, respectivamente, Floresta Estadual e Floresta Municipal. Nesta unidade é admitida a permanência de populações tradicionais que a habitam desde a sua criação; a visitação pública e a pesquisa científica são permitidas desde que ocorram conforme o disposto em regulamento e no Plano de Manejo da Unidade.

A Reserva Extrativista é uma área de domínio público, com uso concedido às populações extrativistas tradicionais, cuja subsistência está baseada no extrativismo. O objetivo desta área é proteger os meios de vida e a cultura da população, assegurando o uso sustentável dos seus recursos naturais. Nesta unidade são admitidas a visitação pública e a pesquisa científica, desde que estejam em conformidade com o disposto em regulamento e no Plano de Manejo da Unidade, sendo proibidas a exploração de recursos minerais e a caça amadorística ou profissional.

A Reserva de Fauna é uma área natural de posse e domínio públicos, com populações animais de espécies nativas, terrestres ou aquáticas, residentes ou migratórias, adequadas para estudos técnico-científicos sobre o manejo econômico sustentável de recursos da fauna. Nesta unidade, é admitida a visitação pública, conforme o Plano de Manejo da Unidade, sendo proibida a caça amadorística ou profissional.

A Reserva de Desenvolvimento Sustentável é uma área natural de domínio público que abriga populações tradicionais, cuja existência se baseia em sistemas sustentáveis de exploração dos recursos naturais, e que desempenham um papel fundamental na proteção da natureza e na manutenção da diversidade biológica. O objetivo da Reserva de Desenvolvimento Sustentável é preservar a natureza, ao mesmo tempo em que assegura as condições e os meios necessários para a reprodução e a melhoria dos modos e da qualidade de vida e exploração dos recursos naturais das populações tradicionais. Outra meta importante é a valorização, conservação, o aperfeiçoamento, conhecimento de técnicas de manejo do ambiente desenvolvidas por estas populações. Nesta unidade são admitidas a visitação pública e a pesquisa científica, desde que obedeçam ao disposto em regulamento e no Plano de Manejo da Unidade.

A Reserva Particular do Patrimônio Natural é uma área privada, reconhecida como de interesse público, que tem como objetivo conservar a diversidade biológica. Nesta área, são permitidas apenas a pesquisa científica e a visitação com objetivos turísticos, recreativos e educacionais, dentro das prescrições do Plano de Manejo ou de Proteção e de Gestão da unidade.

# BIBLIOGRAFIA


ANDRADE, Mário de. *Cartas de Trabalho — Correspondência com Rodrigo Mello Franco de Andrade (1936-1945)*. Brasília: Secretaria do Patrimônio Histórico e Artístico Nacional/ Fundação Pró-Memória, 1981.

ARANTES, A. A. *Produzindo o passado*. Estratégias de construção do patrimônio cultural. São Paulo: Brasiliense, 1984.

AUDRERIE, Dominique. *La notion et la protection du patrimoine*. Paris: PUF, 1997.

CAMARGO, Haroldo Leitão. *Patrimônio Histórico e Cultural*. São Paulo: Aleph, 2002.

CHAUÍ, Marilena. *O nacional e o popular na cultura brasileira*. São Paulo: Brasiliense, 1983.

CHOAY, Françoise. *Alegoria do patrimônio*. São Paulo: Unesp, 2001.

CURY, Isabelle (org.). *Cartas Patrimoniais*. Rio de Janeiro: IPHAN, 2000.

DECCA, Edgar S. *Memória e cidadania*. In: Secretaria Municipal da Cultura de São Paulo, o direito à memória, Patrimônio Histórico e Cidadania. São Paulo: Departamento de Cultura, 1992.

FONSECA, Maria Cecília L. *O patrimônio em processo: trajetória da política federal de preservação no Brasil*. Rio de Janeiro: UFRJ/IPHAN, 1997.

HOBSBAWN, Eric J. *A invenção das tradições*. Rio de Janeiro: Paz e Terra, 1997.

KAMIDE, Edna (coord.) *Patrimônio cultural paulista*: CONDEPHAAT, bens tombados 1968-1998. São Paulo: Imprensa Oficial do Estado, 1998.

KERSTEN, Márcia Scholz de Andrade. *Os rituais do tombamento e a escrita da História*. Curitiba: UFPR, 2000.

LARAIA, Roque de Barros. *Cultura — um conceito antropológico*. Rio de Janeiro: Zahar, 1999.

LE GOFF, Jacques. *Memória — História*. Lisboa: Imprensa Nacional — Casa da Moeda, 1984

LEMOS, Carlos A. C. *O que é patrimônio histórico*. São Paulo: Brasiliense, 1981.

LEON, Aurora. *El museu. Teoria, praxis y utopia*. Madri: Ediciones Cátedra, 1978.

MAGALHÃES, Aloísio. *E Triunfo? A questão dos bens culturais no Brasil*. Rio de Janeiro: Nova Fronteira/ Fundação Nacional Pró-Memória, 1985.

MALAGODI, Maria Eugênia; CESNIK, Fábio de Sá. *Projetos Culturais*. São Paulo: Escrituras, 2000.

MENEZES, Ulpiano Bezerra. *Identidade cultural e arqueologia*. Revista do Patrimônio Histórico e Artístico Nacional, nº 20, 1984.

MOTTA, R. Seroa da. *Manual de valoração econômica de recursos ambientais*. Brasília: IBAMA, 1998.

MURTA, Stela Maris e ALBANO, Celina (org.) *Interpretar o patrimônio* — um exercício do olhar. Belo Horizonte: UFMG, 2002.

PELLEGRINI Fº, Américo. *Turismo cultural em Tiradentes*. São Paulo: Manole, 2000.

PIRES, Mário Jorge. *Lazer e turismo cultural*. São Paulo: Manole, 2001.

ROCHA-TRINDADE, Maria Beatriz. *Iniciação à museologia*. Lisboa: Universidade Aberta, 1992.

RODRIGUES, Adyr Balastreri (org.). *Turismo — desenvolvimento local*. São Paulo: Hucitec, 2000.

RODRIGUES, Marly. *Alegorias do passado: A instituição do patrimônio de São Paulo, 1969-1987*. (tese de doutorado, mimeo.). Campinas: Unicamp, 1994.

TELLES, Augusto C. da Silva. *Atlas dos monumentos históricos e artísticos do Brasil*. Rio de Janeiro: FENAME/SEAC, 1980.

URBAN, Teresa. *Saudade do Matão*. Curitiba: UFPR, 1998.

*Revista do Patrimônio Histórico e Artístico Nacional*. Brasília: IPHAN, nº 28, 1999.

## Sites consultados:

http://icom.museum/
http://prodam.sp.gov.br/dph
http://unesco.org.br
http://www.ibama.gov.br
http://www.iphan.gov.br

# ÍNDICE

ÍNDICE

# DISTRIBUIDORES DE EDIÇÕES LOYOLA

**AMAZONAS**

EDITORA VOZES LTDA
Rua Costa Azevedo, 91
Tel.: (0**92) 232-5777 • Fax: (0**92) 233-0154
69010-230 **Manaus**, AM

PAULINAS
Av. 7 de Setembro, 665
Tel.: (0**92) 633-4251/233-5130 • Fax: (0**92) 633-4017
69005-141 **Manaus**, AM

**BAHIA**

LIVRARIA E DISTRIB. MULTICAMF LTDA
Rua Direita da Piedade, 203 – Piedade
Tel.: (0**71) 329-0326/329-1381
Telefax.: (0**71) 329-0109
40070-190 **Salvador**, BA

EDITORA VOZES LTDA
Rua Carlos Gomes, 698A
Conjunto Bela Center – loja 2
Tel.: (0**71) 329-5466 • Fax: (0**71) 329-4749
40060-410 **Salvador**, BA

PAULINAS
Av. 7 de Setembro, 680 – São Pedro
Tel.: (0**71) 329-2477/329-3668 • Fax: (0**71) 329-2546
40060-001 **Salvador**, BA

**BRASÍLIA**

EDITORA VOZES LTDA
CRL/Norte – Q. 704 – Bloco A n. 15
Tel.: (0**61) 326-2436 • Fax: (0**61) 326-2282
70730-516 **Brasília**, DF

PAULINAS
SCS – Q. 05 – Bl. C – Lojas 18/22
Tel.: (0**61) 225-9595 • Fax: (0**61) 225-9219
70300-500 **Brasília**, DF

**CEARÁ**

EDITORA VOZES LTDA
Rua Major Facundo, 730
Tel.: (0**85) 231-9321 • Fax: (0**85) 221-4238
60025-100 **Fortaleza**, CE

PAULINAS
Rua Major Facundo, 332
Tel.: (0**85) 226-7544/226-7398 • Fax: (0**85) 226-9930
60025-100 **Fortaleza**, CE

**ESPÍRITO SANTO**

PAULINAS
Rua Barão de Itapemirim, 216
Tel.: (0**27) 223-1318 • Fax: (0**27) 222-3532
29010-060 **Vitória**, ES

**GOIÁS**

LIVRARIA ALTERNATIVA
Rua 70, nº 124 - Setor Central
Tel: (0**62) 229-0107 • Fax: (0**62) 212-1035
74055-120 **Goiânia**, GO

EDITORA VOZES LTDA
Rua 3, nº 291 – Centro
Tel.: (0**62) 225-3077 • Fax: (0**62) 225-3994
74023-010 **Goiânia**, GO

PAULINAS
Av. Goiás, 636
Tel.: (0**62) 224-2585/224-2329 • Fax: (0**62) 224-2247
74010-010 **Goiânia**, GO

**MARANHÃO**

EDITORA VOZES LTDA
Rua da Palma, 502
Tel.: (0**98) 221-0715 • Fax: (0**98) 231-0641
65010-440 **São Luís**, MA

PAULINAS
Rua de Santana, 499 – Centro
Tel.: (0**98) 232-3068 • Fax: (0**98) 232-2692
65015-440 **São Luís**, MA

**MATO GROSSO**

EDITORA VOZES LTDA
Rua Marechal Floriano, 611
Tel.: (0**65) 623-5307 • Fax: (0**65) 623-5186
78045-750 **Cuiabá**, MT

MARCHI LIVRARIA E DISTRIBUIDORA LTDA
Av. Getúlio Vargas, 381 – Centro
Tel.: (0**65) 322-6809/322-6967 • Fax: (0**65) 322-3350
78005-600 **Cuiabá**, MT

**MINAS GERAIS**

EDITORA VOZES LTDA
Rua Sergipe, 120 – B. Funcionários
Tel.: (0**31) 3226-9010/3226-9269
Fax: (0**31) 3222-7797
30130-170 **Belo Horizonte**, MG

Rua Tupis, 114
Tel.: (0**31) 3273-2538 • Fax: (0**31) 3222-4482
30190-060 **Belo Horizonte**, MG

Rua Espírito Santo, 963
Tel.: (0**32) 3215-9050 • Fax: (0**32) 3215-8061
36010-041 **Juiz de Fora**, MG

ASTECA DISTRIBUIDORA DE LIVROS LTDA.
Rua Costa Monteiro, 50 e 54 – Bairro Sagrada Família
Tel.: (0**31) 3423-7979 • Fax: (0**31) 3424-7667
31030-480 **Belo Horizonte**, MG

PARCERIA COMERCIAL ALETHEIA LIV. E PAP. LTDA
Campus PUC Minas
Rua do Rosário, 1081 – Angola
Tel.: (0**31) 3532-4373 • Fax: (0**31) 3595-8519
32630-000 **Betim**, MG

Campus PUC Minas
Tel.: (0**31) 3352-7818 • Fax: (0**31) 3352-7919
32285-040 **Contagem**, MG

PAULINAS
Av. Afonso Pena, 2142
Tel.: (0**31) 3269-3700 • Fax: (0**31) 3269-3730
30130-007 **Belo Horizonte**, MG

Rua Curitiba, 870
Tel.: (0**31) 3224-2832 • Fax (0**31) 3224-2208
30170-120 **Belo Horizonte**, MG

## PARÁ

PAULINAS
Rua Santo Antônio, 278 – Bairro do Comércio
Tel.: (0**91) 241-3607/241-4845 • Fax: (0**91) 224-3482
66010-090 **Belém**, PA

## PARANÁ

EDITORA VOZES LTDA
Rua Voluntários da Pátria, 41 – Centro
Tel.: (0**41) 233-1392 • Fax: (0**41) 224-1442
80020-000 **Curitiba**, PR

Rua Senador Souza Neves, 158-C
Tel.: (0**43) 337-3129 • Fax: (0**43) 325-7167
86020-160 **Londrina**, PR

LIVRARIA MILLENIUM LTDA.
Rua Dr. Goulin, 1523 – Hugo Lange
Tel.: (0**41) 362-0296/262-8992
Fax: (0**41) 362-0296/362-1367
80040-280 **Curitiba**, PR

PAULINAS
Rua Voluntários da Pátria, 225
Tel.: (0**41) 224-8550 • Fax: (0**41) 223-1450
80020-000 **Curitiba**, PR

Av. Getúlio Vargas, 276 – Centro
Tel.: (0**44) 226-3536 • Fax: (0**44) 226-4250
87013-130 **Maringá**, PR

## PERNAMBUCO, PARAÍBA, ALAGOAS, RIO GRANDE DO NORTE E SERGIPE

EDITORA VOZES LTDA
Rua do Príncipe, 482 – Boa Vista
Tel.: (0**81) 3423-4100 • Fax: (0**81) 3423-7575
50050-410 **Recife**, PE

EDITORA VOZES LTDA
Rua Frei Caneca, 12, 16 e 18 – Bairro Santo Antônio
Tel.: (0**81) 3224-1380
50010-120 **Recife**, PE

PAULINAS
Rua Duque de Caxias, 597 – Centro
Tel.: (0**83) 241-5591/241-5636 • Fax: (0**83) 241-6979
58010-821 **João Pessoa**, PB

Rua da Alegria (ant. Joaquim Távora), 71
Tel.: (0**82) 326-2575 • Fax: (0**82) 326-6561
57020-320 **Maceió**, AL

Rua João Pessoa, 224 – Centro
Tel.: (0**84) 212-2184 • Fax: (0**84) 212-1846
59025-500 **Natal**, RN

Rua Frei Caneca, 59 – Loja 1
Tel.: (0**81) 3224-5812/3224-6609
Fax: (0**81) 3224-9028/3224-6321
50010-120 **Recife**, PE

## RIO DE JANEIRO

ZÉLIO BICALHO PORTUGAL CIA. LTDA
**Vendas no Atacado e no Varejo**
Av. Presidente Vargas, 502 – sala 1701
Telefax: (0**21) 2233-4295/2263-4280
20071-000 **Rio de Janeiro**, RJ

Rua Marquês de S. Vicente, 225 – PUC
Prédio Cardeal Leme – Pilotis
Telefax: (0**21) 259-0195
22451-041 **Rio de Janeiro**, RJ

Centro Tecnologia – Bloco A – UFRJ
Ilha do Fundão – Cidade Universitária
Telefax: (0**21) 290-3768
21941-590 **Rio de Janeiro**, RJ

EDITORA VOZES LTDA
Rua Senador Dantas, 118-I
Tel.: (0**21) 220-8546 • Fax: (0**21) 220-6445
20031-201 **Rio de Janeiro**, RJ

Av Rio Branco, 311 sala 605 e 607
Tel.: (0**21) 215-6386 • Fax: (0**21) 533-7670
20040-009 **Rio de Janeiro**, RJ

Rua Frei Luís, 100
Tel.: (0**24) 237-5112 • Fax: (0**24) 231-4676
25689-900 **Petrópolis**, RJ

Rua do Imperador, 834
Tel.: (0**24) 237-5115 r. 245
25620-001 **Petrópolis**, RJ

PAULINAS
Rua 7 de Setembro, 81-A
Tel.: (0**21) 232-5486 • Fax: (0**21) 224-1889
20050-005 **Rio de Janeiro**, RJ

Rua Doutor Borman, 33 – Rink
Tel.: (0**21) 622-1219 • Fax: (0**21) 622-9940
24020-320 **Niterói**, RJ

## RIO GRANDE DO SUL

EDITORA VOZES LTDA
Rua Riachuelo, 1280
Tel.: (0**51) 3226-3911 • Fax: (0**51) 3226-3710
90010-273 **Porto Alegre**, RS

EDITORA VOZES LTDA
Rua Ramiro Barcelos, 386
Tel.: (0**51) 3225-4879 • Fax: (0**51) 3225-4977
90035-000 **Porto Alegre**, RS

PAULINAS
Rua dos Andradas, 1.212
Tel.: (0**51) 3221-0422 • Fax: (0**51) 3224-4354
90020-008 **Porto Alegre**, RS

**RONDÔNIA**

PAULINAS
Rua Dom Pedro II, 864
Tel.: (0**69) 224-4522 • Fax: (0**69) 224-1361
78900-010 **Porto Velho**, RO

**SANTA CATARINA**

EDITORA VOZES
Rua Jerônimo Coelho, 308
Tel.: (0**48) 222-4112 • Fax: (0**48) 241-1007
88010-030 **Florianópolis**, SC

**SÃO PAULO**

DISTRIBUIDORA LOYOLA DE LIVROS LTDA
**Vendas no Atacado**
Rua São Caetano, 959 – Luz
Tel.: (0**11) 3322-0100 • Fax: (0**11) 3322-010
01104-001 **São Paulo**, SP

**Vendas no Varejo**
Rua Senador Feijó, 120
Telefax: (0**11) 3242-0449
01006-000 **São Paulo**, SP

Rua Barão de Itapetininga, 246
Tel.: (0**11) 3255-0662 • Fax: (0**11) 3231-2340
01042-001 **São Paulo**, SP

Rua Quintino Bocaiúva, 234 – Centro
Tel.: (0**11) 3105-7198 • Fax: (0**11) 232-4326
01004-010 **São Paulo**, SP

EDITORA VOZES LTDA
Rua Senador Feijó, 168
Tel.: (0**11) 3105-7144 • Fax: (0**11) 3107-7948
01006-000 **São Paulo**, SP

Rua Haddock Lobo, 360
Tel.: (0**11) 256-0611/256-2831 • Fax: (0**11) 258-2841
01414-000 **São Paulo**, SP

Rua dos Trilhos, 627 – Moóca
Tel.: (0**11) 6693-7944 • Fax: (0**11) 6693-7355
03168-010 **São Paulo**, SP

EDITORA VOZES LTDA
Rua Barão de Jaguara, 1164/1166
Tel.: (0**19) 3231-1323 • Fax: (0**19) 3234-9316
13015-002 **Campinas**, SP

Centro de Apoio aos Romeiros
Setor "A", Asa "Oeste"
Rua 02 e 03 – Lojas 111/112 e 113/114
Tel.: (0**12) 564-1117 • Fax: (0**12) 564-1118
12570-000 **Aparecida**, SP

PAULINAS
Rua Domingos de Morais, 660
Tel.: (0**11) 5081-9330 • Fax: (0**11) 5549-7825
04010-100 **São Paulo**, SP

Rua XV de Novembro, 71
Tel.: (0**11) 3106-4418/3106-0602
Fax: (0**11) 3106-3535
01013-001 **São Paulo**, SP

Via Raposo Tavares, km 19,145
Tel.: (0**11) 3782-1889/3782-0096
Fax: (0**11) 3782-0972
05577-300 **São Paulo**, SP

Av. Marechal Tito, 981
São Miguel Paulista
Tel.: (0**11) 297-5756 • Fax: (0**11) 6956-0162
08010-090 **São Paulo**, SP

**PORTUGAL**

MULTINOVA UNIÃO LIV. CULT.
Av. Santa Joana Princesa, 12 E
Tel: 842-1820/848-3436
1700-357 **Lisboa**, Portugal

DISTRIBUIDORA DE LIVROS VAMOS LER LTDA.
Rua 4 de infantaria, 18-18A
Tel.: 388-8371/60-6996
1350-006 **Lisboa**, Portugal

EDITORA VOZES
Av. 5 de outubro, 23
Tel.: (00**351 21) 355-1127
Fax: (00**351 21) 355-1128
1050-047 **Lisboa**, Portugal

---

Se o(a) senhor(a) não encontrar este ou qualquer um de nossos títulos em sua livraria preferida ou em nosso distribuidor, faça o pedido por reembolso postal diretamente a:

**Edições Loyola**

Rua 1822 nº 347 – Ipiranga – 04216-000 São Paulo, SP
Caixa Postal 42.335 – 04218-970 São Paulo, SP
✆ (0**11) 6914-1922 – Fax: (0**11) 6163-4275
Home page e vendas: www.loyola.com.br
e-mail: vendas@loyola.com.br

Edições Loyola
Editoração, Impressão e Acabamento
Rua 1822, n. 347 • Ipiranga
04216-000 SÃO PAULO, SP
Tel.: (0**11) 6914-1922